編著　中野 光
行田稔彦
田村真広

あっ！こんな教育もあるんだ

学びの道を拓く総合学習

新評論

はじめに——ここから本ものの教育が

前 日本生活教育連盟委員長　中野　光

教育基本法と学校教育法が成立した一九四七年、日本の学校には新しい教科の社会科が誕生した。それはアメリカのソウシャル・スタディーズに範をとった、といわれたが、少しく日本の教育史を知る者にとっては、それほど新しいもの、めずらしい教科ではなかった。

第一次世界大戦後に日本でも新教育運動（いわゆる大正自由教育）が盛りあがった。そこでは社会科につながる「合科学習」「生活科」「郷土科」といった名称で新しい教科が設けられるべきである、との主張がなされ、その先駆的実践が試みられた。戦時下の国民学校でも「合科」という概念がカリキュラム改造の合言葉になった。

戦後の新生社会科が新教育の「花形教科」「中心教科」として脚光を浴びたのは偶然ではなかった。すでに日本の教育土壌には社会科の芽が歴史的に育っていたからである。新生社会科教育の指導者は、かつて大正自由教育の中で育てられた壮年の教師たちだった。私たちの日本生活教育連盟（「日生連」）を結成（一九四八年一〇月）した主力もそのような人たちだった。

文部省も社会科の理念を「社会科の目的は日本の社会をよりよいものに改造していく人間を育てることにある」と説いた。つまり社会科は社会改造科であるとした。かくて教育現場の若い教師たちからも新鮮で意欲的な実践記録が次々と発表された。

社会科発足当時の「にわか作り」の「学習指導要領」が一九五一年に改訂されたが、その小学校社会科篇の表紙には、一九世紀初頭の近代教育の実践的源流を創ったスイスの教育者J・H・ペスタロッチの姿が登場した。そのことは、戦後日本の社会科の精神がペスタロッチの実践に発するものであることを示唆するものだったといえよう。実際、一九五〇年代前半の日本の教育は、社会科を中心とした総合学習において輝いていた。

しかし、そのような時代は長くは続かなかった。それは社会科の教育がその総合的性格を失い変質したからだった。日本の学校は「社会科なき時代に入った」とさえいわれた。だが、社会科の総合学習的精神は死んではいなかった。「総合」の思想は次のような実践の中に生きていた。

① 教育の原点は子どもの生活現実の中にある、という発想に基づく実践
② 地域を舞台とし、父母と住民との協働によって学習を発展させていく実践
③ 平和・環境等のグローバルな課題と向きあう実践

二〇〇一年に上梓した私たちの『ともにつくる総合学習』（新評論）も右記のような立場からまとめあげたものだった。それは、全国的に展開されはじめた「総合的な学習」のあり方に対しても示唆を投げかけたはずである。

私たちの総合学習の実践はそれ以後もたゆみなく進化・発展を続けて今日にいたっている。いま、総合学習をめぐる情況は必ずしも恵まれているとはいえず、形骸化と逆風の中で「立ち枯れ」の危機

にあるとさえいわれている。それだけに過去数年間に私たちが取り組んできた実践の記録を、このようにまとめえたことは今日の教育情況の中で、大変意義深いと思っている。

終わりに、前著に続き今回も新評論社長・武市一幸氏のご厚意に与かり深く感謝している。

二〇〇六年五月二五日

❖あっ！　こんな教育もあるんだ／もくじ❖

あっ！　こんな教育もあるんだ——学びの道を拓く総合学習

第1章

いのちの輝きを

論文

「ハッピーに生きようや！」そのために大切にしたいこと

◉石川・金沢市立西南部小学校（前）　金森　俊朗

1　苦悩を仲間に語る

私の学級の一日は、手紙ノートの発表から始まる。

三年生の二月、「私のお父さん」と題して安代が発表した。

「私のお父さんは、長野県にいます。お母さんに『なんで私と妹とお母さんだけで金沢のおばあちゃんの家に来たの』と聞くと『お父さんが金沢の家に住んだらと言ったから』としか答えてくれません。それいらい手紙を送っても返事がこなくて、お母さんに私たちが使うお金をくれるだけです。（略）少しでもひまがあれば、電話か手紙ぐらいほしいです。みんながお父さんの話をしていると『いいな、田中、中村さん以外には近くにお父さんがいて』と思います」

私の学級に母子家庭の子が三人いる。田中充と中村昇は離婚の状況を自ら学級の仲間に語っていたが、安代は公開しないだろうと予想していた。これは嬉しい誤算だった。安代に応えて充は、「僕はお父さんのことをまだよく分かっていないけど、手紙を送っても電話しても返事はない。なぜかよく分からない。お母さんと結婚してお父さんはテレビばかり見ていて、すぐに僕にうるさいといってボリュームをあげる。外に行くと、子どもをよく見ているよというように、外では優しい人みたいになる。家では違う。別れた嫌なお父さんだけど、僕を産んでくれたのはやっぱり良かったと思っている。安代さんのお父さんは（送金してくれるから）いいお父さんだなあと思いました」と語った。

続いて彰子は、「私のお父さんは入院しています（彰子の母は私にガンだと教えてくれたが子どもは知らない）。外泊を許されて帰って来た時、タバコを買って来いとお母さんをひどく叱ります。買って来ないとお母さんをとても怒るので、お母さんがとてもかわいそうです。安代さんのお父さんは、いつか手紙をくれると思います。信じて待って欲しいと思います」と語った。その彰子は翌日手紙ノートに父の長期入院で寂しいと書いてくる。その彰子に応えて充は次のように語った。

「僕のお父さんは、例えて言えばぬるま湯が好きで仕事をあまりしなくて、熱いお湯には耐えられない人やった。お母さんにお金がなくなるとお金持ちの人と結婚して、その人にお金がなくなるとまた別れてしまった。熱いお湯に鍛えられないと人間はだめになってしまうと思う」

「熱いお湯」の話は、彰子と何よりも彰子の父に向けられたものだと私は考えた。小学校三年生が自分の父を例にして、直接彰子の父を批判しないで的確で重い返信をしたことに私は唸ってしまった。

彰子が父の入院のことを手紙ノートに書いてきたのは、一か月前だった。タバコと酒のためだと言った時、昇は進んで手を挙げ、「僕はお父さんと一緒に住んでいません。離婚したのは、お父さんが酒を飲んでお母さんに暴力を振るったからです。僕はお酒のみが大嫌いです。酒やタバコはやめたほうがいいと思います」と言った。

昇が級友に父を語ったのはこの時がはじめてだった。子どもたちは心にしまい込んでいた、今の世を生きる重い苦悩を自ら自然に語り出し、聴き合っていた。確かなつながりの中で生まれたドラマに私は感動していた。

今、子どもと教師にとって最も解決ができない最大の苦悩は、「いのち」「学校」「家族」にかかわることだろう。今を生きにくくさせているものの根元は、それら三者から生まれている。それは、本人や周囲の努力では解決不可能な問題であるからだ。さらに深刻なのは、問題そのものを他者が共感的に受容せず、小さな心に固く閉じこめて生きなければならないということである。「いのちの教育」の実践課題の一つは、この二重の苦悩の後者を自然に心拓いて語り、聴くことができる関係性を育てることにある。

▽2 どの子どもも今の時代を生きている

私の学級の一年を追ったテレビ番組『涙と笑いのハッピークラス』(NHKスペシャル、二〇〇三年放送)を見た視聴者から「特別な子どもを集めた学級ですか」という質問を受け、苦笑してしまった。悲しみ、苦悩を涙ながらに語り、涙して聞き入る場面を見てのことだ。多くの大人たちは、子どもは苦悩していないと見ている。

今日、暴力性を伴った新自由主義政策が強烈に推し進められ、家庭、学校、企業、地域が激しく解体、再編成されている。子ども、高齢者、障害者、小企業など弱者が切り捨てられる時代である。子どもたちの内面世界に、その政策や体制からの危機、暴力性が忍び込んでいるのは当然とも言える。

心から聴いてくれる仲間、いっしょに生きようぜという姿を日常の中で自然に体現している仲間がいれば、それぞれがしまい込んでいる悩み、葛藤、悲しみ、不安のある程度は心拓いて語り出す。それを受けた子どもたちは、時には自然体で時には必死になって、彼らなりのやり方や言葉で返し、関係を深める。私の学級を描いた番組を見た人からの最も多い問いは、「なぜ、金森学級ではあれだけの重い悲しみや悩み、あるいは性のことや好きな人のことを自然に仲間に心拓いて語れるのか。なぜ、あれだけみんなの前で泣けるのか。どうしたらそうなるのか」である。

その問いかけは間違いではない。しかし、私はまず、重い悲しみや苦悩を問題にするより、日常的な小さな喜怒哀楽や学びのドラマが生き生きと気軽に表現され、仲間と交流しあえているか、また、授業が自分を見つめ直し、自分を語る場になっているかを問うべきだと思う。以下、私なりにポイントを五点にしぼって、その問いに応えたいと思う。

3　ハッピーに生きる共同体づくり

第一に、生きている実感を育てることである。始業式の翌日から運動場に飛び出して興ずる「Sけん」やどろんこサッカーなどの遊び、さらに森や川をかける、飛び込むなどのボディコミュニケーションを中心にした子どもらしい生活の復権である。「仲間がいるって、学ぶって、生きているって、すばらしい、楽しい」という充実感を育てることである。それは同時に、動物として当然備わっている攻撃性を、子どもらしい素朴な文化体験によって積極性や挑戦心に転化し、育むことでもある。

第二に、子どもたちの生活・学習空間を、共に生活し学び合う共同体に高めようとするなら、全てのことが日常的に一人ひとりの子どもから仲間に発信、交流、共有されなければならないということである。私の学級では原則として、忘れ物をしても、物を紛失しても、授業中のトイレ行きも、体育時の見学理由も、早退・遅刻・欠席の理由も、全て仲間に報告したり了解を得たり応援してもらうのが当然のルールになっている。それらは、普通どの学級でも教師と一人ひとりの子どもとの問題として扱われている。それは初めから共同体の土台を奪うことになると私は考えている。あの重い内面世界の苦悩の表明、交流は、学級にとって特別なことではないのである。

第三に、「人、物、こと」の奥行きと広がりを読み解く感性と知性と表現力、すなわち「学力」を育てないと、手紙ノートとその交流の質は高まらない。私は始業式の翌日から、給食を使って「食からのメッセージ」と題して、食と生き物と人間存在の関係を読み解く学習をていねいに始める。酢、みりん、醤油などが何から作られるか、また、夕食にどれだけの生き物の命を奪っているかを調べてくる。そうして、わずかに残る田圃へ出かける。裕治は「田んぼをじっくり見てみると、いるいる、いろんな生物がいる。うわあ～すごい。……調べてみると、すごく奥深いなあととても興奮しました」と述べている。こうして日常や地域の中に、見つめ、調べることを感動的に学び合うのである。

第四に、授業の中で芽生えたであろう思いや「観」をきちんと言語化して、「私」を語り交流しあうことを大切にすることである。例えば光合成を学習しても多くの場合、「生物、主として緑色植物が、光のエネルギーを用いて、吸収した炭酸ガスと水分とから有機化合物を合成すること」（広辞苑）を知識として確認、定着させることが重視される。私が大切にしたいのは、それを認識させる過程だけでなく、そこから後である。何気なく見ていたあの稲が、膨大な酸素や米を生みだしていることを知って、これまでの植物観や生命観がどのように変わり深まったか、自分を見つめてきちんと言語化させ、発表、交流しあうことである。そうした日々の営みがなければ、学びを自分とかかわらせた思いは手紙ノートに反映しない。

第五点に、自分や友が「奇跡の人」だと感動的に認識する学びである。五年生の圭は、自分がどこからやってきたのか、命のリレーを詳しく聞き取り、「母は奇跡の人だ」と書いてきた。祖母が妊娠中毒症で入院し、「残念ですが赤ちゃんの命は諦めて下さい。近くお産をしますが赤ちゃんは死んで生まれてくると思います」と医師に告げられる。その危機を乗り越えて辛うじて誕生したのが母だと知る。「お母さんはすごく奇跡的な人だなあ」を実感した時、「その奇跡が起こらなかったらぼくも弟も生まれてこなかったから、ぼくも弟も奇跡的な人！」だと気づく。その母から詳細な手紙が届く。息子に「奇跡の人」と言われ「オーバーな」と笑っていたが、自分の誕生や、自分の母の父は日露戦争に兵士として出兵、夫の父は日中戦争で中国に出兵、夫の母は空襲に遭っていたことも考えたら、息子の言う通りだと。圭と母の報告をみんなで学習した後、全員が調査してきた。個人に即したリアルな事実の学習は、「今、生きている人は、全員、奇跡なんだ」「あの時、先祖の一人でも死んでいたらぼくたちはいない。すごく怖いけど、今、生きているのがとてもうれしい」などという認識を育てた。私は必ずこうした命のリレーにおける危機の学習に取り組む。単純な命のリレーに陥らないように、可能な限りどのように働き、生きてきたか、家族の生きざまの追求も同時に行う。

1 実践

サンショウウオがワンパク五人組をかえた

◉埼玉・秩父市立影森小学校　富山　泰正

▽1 ワンパク五人組との出会い

四月八日、担任発表の始業式。体育館に整列している新三年生は、担任の先生がだれなのか想像しつつ、緊張の面持ちで整列していた。担任が発表され、子どもたちの前に私が立ち、「よろしく」とできるだけ明るく元気に、ピースをしながら言うと、何人かの男の子が笑みを浮かべた。その中に落ち着きのない忠と章夫が目に付いた。忠と章夫は休み時間になると、すぐにボールを持って外に飛び出していき、休み時間が終わってもなかなか教室に入ってこない。入ってくるときの洋服は土埃にまみれていた。

特に忠は休み時間が生き甲斐で、四五分の勉強時間は辛いものがあるようだった。ノートの字は四角のマスの中に入りきれず、大きくはみ出していた。おまけに読めるような字ではなかった。こんな字がどうして書けるのか不思議だった。漢字の読みもできない。こんな調子だから自分一人で宿題などできる状態ではない。だから宿題はやってきたことがない。国語の時間に「ここを読める人」と呼びかけると、よく手を上げ読みたがった。だが、漢字のところに来ると「なんだっけ、わかんね」と言って立ち止まってしまう。せいぜい一年生の漢字のいくつかがなんとか読めるだけで、あとは教えてもらわないとほとんど読めない。そんな忠だから、チャイムが鳴る前から外が気になり、そわそわしてくる。授業が終わるか終わらないうちに、ボールを持って教室から外へ飛び出していく。

章夫は力もあり行動的で、学校が終わると家にカバンを放り出し、すぐに遊びに行ってしまう。家で留守番をしている祖母の言うことなど聞かない。「三年生は家の周りでしか自転車に乗ってはいけない」という学校の決まりなど頭にないらしく、自転車でどこにでも遊びに行って、夕方遅く家に帰ってきていた。だから学校の宿題など、やってこない。やってきてもいい加減にちょこっとやってあるだけだった。そしていつも生傷が絶えなかった。忠と章夫はサッカースポーツ少年団に入っていて、夕方は練習、土日は試合と、サッカーに明け暮れていた。学校でも休み時間は上級生を相手にサッカーばかりやっていた。

恵一は体格がよく、柔道をやっている。でも、大会で勝ったことがない。学校も休みがちで、朝は通学班で登校するより、母親の車で登校することの方が多い。だから朝食を食べてこないことが多く、午前中は「はらへった」とわめいている。給食を食べると元気が出て、昼休みには大声をあげて、教室で寝転がって、プロレスごっこみたいなことをやりだす。「おらあばかだから」と言って、宿題などやってきたことがない。

智志も熱心に柔道をやっていた。恵一と対戦することもあるらしく、「けいちゃんよええ（弱い）で」と、体格のいい恵一より強いことを自慢していた。給食に燃えていて、おかわりさせないと「おれはおかわりしないと、腹が減るんだ」とわめいていた。整理整頓ができないので、いつも机の周りには何かしら落ちていた。「落とし物名人智志」というあだ名がついてしまったぐらいである。

秀喜は二年生の時、朝になると「足が痛い」とか「腹が痛い」などと言って登校を渋ったらしい。その時の担任の厳しさについて行けなかったようである。気の弱い陽気な子で、野菜が食べられなくて、給食の時間には野菜とにらめっこしていた。

これがわがクラスのワンパク五人組である。確かに前担任が言うように、元気のいい忠と章夫が中心となり、恵一、智志、秀喜がその二人に加わり、休み時間サッカー中心の生活をしていた。雨が降ったりして外で遊べないときは、廊下で寝転んだり、追いかけっこしたりして、学校中を駆け巡って、教頭先生に怒鳴られてばかりいた。じっとしていられない三年生らしい五人組だった。

2 自然の中でこそ探究心が芽吹く

総合（総合学習）の時間が始まると、元気のいい五人組にとってそれは一番楽しい時間となった。三年生の総合の時間は、「大田の不思議発見」と課題を大きく設定し、子どもたちが自由に探究したい課題を見つけさせるようにした。総合の本来の姿は、子どもたちの疑問から出発すべきであると考えるからである（大田地区は秩父最大の水田地帯で、川などの多かった土地である）。

その総合の時間が始まった四月中頃。まず学校の周りの探検から始めた。

「今日の総合は、学校の周りの探検に行くぞ」と言うと「わーい、やったあ」と、忠を先頭に章夫や元気のいい男の子たちが歓声を上げ、走って教室を出ていった。

全員が集合場所へ集まると、私を先頭に校外へ出発した。みんな表情が明るい。声も弾んでいた。しばらく歩くと、大田を流れている「長森川」の橋についた。何年も前に護岸整備工事がなされ、コンクリートで両脇が崩れないように固めてあった。川へ自由には入れない。それに、水量は少なく、透明度も低い。見るからに入る気のしない川である。それでも子どもたちは、橋の上から泳いでいる魚と大きなおたまじゃくしを見つけ、「魚だ」「でっけえ、おたまじゃくし」「あっ、ザリガニ」と、もう捕まえたくてしょうがないらしく大きな声を上げていた。忠をはじめ章夫、恵一、智志、秀喜は川へ降りようと、護岸壁のちょっとの隙間から、足を踏み出していた。それを見た私は、「だめ、入るな」と大声を出した。出発前に「今日は目と頭を働かせて、不思議をいっぱい見つけてくること」と言っておいたのに、元気のいい五人はそんなことはもう頭になく、生き物を捕まえることに夢中になってしまったようだ。「こんなところで、怪我などされたらたまらない」という気持ちから、その場を後に、次へ足を運ばせた。がっかりしたらしく、忠と章夫と恵一がすぐに「先生、なんでだめなん」「つまんねえ」と言って、寄ってきた。「今日は、目と頭を働かせるだけ。あとで、川に入る用意をして、入れそうな場所を見つけて捕まえに来れるようにするから」となだめるように言った。そしたら、「いつ来るん」と、しつこく迫ってきた。

3 勾玉状の卵発見

なんとかその場は納得させ、次の場所へ移動した時は、もう列はばらばらで、元気のいい五人組は、私より前の方を走っていた。探究心旺盛な忠、章夫、智志、恵一、秀喜が「先生、早く来てみ」と大声を上げて私を呼んだ。また何か見つけたらしい。行ってみると、日陰山の裾野と道路の境に造られたコンクリート製の側溝に、勾玉みたいな形をした寒天状の卵を見つけたのだった。蛙の卵は何度も見たことがあるし、小学生の時に捕まえたことがあるので知っている。見ただけで蛙の卵でないことはわかった。忠と章夫は道路に腹ばいになり、あまり水もない側溝に手を入れ、落ち葉や枯れ木で覆われた卵を拾い出していた。全員が寄ってきて、「先生、ここにもある」と、みんなで側溝の中を探し出した。校庭の南側にある日陰山と校庭との境を走るわずか一〇〇メートルぐらいの道路の側溝に、卵はいっぱい見つかった。利発な佳枝がいくつあるか数え出した。女の子が手分けして数えたら、上から見えるだけでも五五個もの卵があった。だったら親がいるはずだというので、みんなで親を探し始めたはずなのに、いつのまにか忠、章夫、智志、恵一、秀喜の五人組は、ザリガニの方に興味がいっていた。「先生、このザリガニ、教室で飼ってもいい?」と、忠と章夫は捕まえたザリガニをそれぞれ空にかざした。他の子たちは、冬の間に落ちたたくさんの落ち葉の堆積を木の棒でよけたりしながら親探しを続けたが、いっこうに見つからなかった。

そうこうしているうちに終業時間がきてしまった。勾玉の形をした卵二つとザリガニ二匹を持って

勾玉みたいな形…何の卵？

教室へ戻った。いつも休み時間になるとすぐに校庭に出ていっていた五人が、外へも行かずに図書室へ向かい、『生き物図鑑』で卵の正体を調べたらしい。その日のうちに、「先生、わかった。サンショウウオのたまごだよ」「ほら、これ」と、図鑑を持って職員室にいる私のところにすっ飛んできた。私自身も調べて、どうやら本当にサンショウウオの卵らしいということがわかった。

それからも五人組は例の側溝へ、休み時間になるとこっそり出かけて行った。その姿が学校の防犯カメラに映り、職員室で見ていた教頭先生が校内放送を使って「校庭から外へ出て行った五人はすぐに戻りなさい」と注意し、五人は教室に戻されていた。それにも懲りず、休み時間になるとこっそり出ていっては、親探しに夢中になっていた。私たちも職員室のモニターを絶えず見張っている時間などないし、そうしたちょっとのすきをかいくぐっては出かけていたようだ。それでも親が見つからないため、五人組は総合の時間になると「先生、サンショウウオの親見つけに行こう」とせがむのだった。

4 サンショウウオとの対面

サンショウウオの卵を教室の水槽で飼い始めて何日もたたないうちに、三匹の幼生が卵から孵り、水槽の中で泳ぐようになった。目がギョロッと飛び出し、首の回りにエラみたいなのがついていた。五人組はずっと親探しを続けていたが、もうだめかと諦めかけていたところに、別の場所で見つかった。五、六年生がプール掃除をしていて、プールの底で見つけたらしく、「サンショウウオがいた」と声を弾ませて、バケツに入れて授業中の三年生の教室に持ってきてくれた。章夫がまっ先に教室の入り口に駆け寄ってきた。ほかの四人もすぐに飛んで来て、授業を中断し、バケツに全員が群がって、サンショウウオの親との対面にひたった。忠がすぐにベランダにあった水槽を持ってきて、教室で飼い始めた。エサは何をやればいいか。どのように飼育したらよいのか。分からないことばかりであった。「大田の不思議発見」の総合学習はサンショウウオの研究を分担して行うことになった。忠や章夫はサンショウウオが何を食べるのかを調べることになった。こういうことは得意な二人だから、意欲的に調べ始めた。図書室の図鑑という図鑑はすべて調べつくしたので、インターネットで調べる方法も教えたら、教室のパソコンを使って休み時間も調べ始めた。元気がいいだけ、集中するとすごい力を発揮した。

前にも述べたが、章夫は学校から帰るとすぐに遊びに出かけ、六時ごろまで帰らない生活をしていたので、学校の宿題をやる時間がない。祖母がしかっても「うるせ、くそばばあ」などと言って言うことをきかないので、祖母もほとほと手をやいていた。一方、恵一は学校から帰るとゲームに没頭して、勉強よりゲームの方が楽しいものだから、宿題など頭から消えてしまい、いつもやってきていなかった。そんな二人が、夢中で学んでいる。これは大きな変化だった。

5　意欲は人間力を高める

サンショウウオの総合学習でそれぞれが調べたことを、中間発表しながら進めていくと、「あんなところにサンショウウオが卵を産むことがかわいそうだ。もっと住みやすい所を造ってやろう」ということになった。そこで秩父市の市長さんに「サンショウウオが住める場所を造ってほしい」という手紙を出すことになった。みんなで手紙文を考えて送ったが、子どもたちの夢は、現実とはならなかった。

サンショウウオのエサは、日直の子が毎日ミミズをとってくることになっていたが、女の子が当番の時はなかなか見つけられなかった。ワンパク五人組はミミズとりの名人で、そんな時は日直の子にかわってミミズをとりに行っていた。

みんなで世話をし、観察してきたサンショウウオは、一一月になると動かなくなり、エサも食べなくなった。気温が一五度ぐらいになると動かなくなるのか、冬眠状態に入っていた。それでも、土を掘り返しては生きているか確認していた。

総合の時間に卵を産む時期を学び、しっかり覚えていて、三月になると例の側溝へ行き、また卵を産んでいるか観察した。三月の終わりごろ、同じ場所でたくさんの卵を見つけた。

側溝で捕ってきたザリガニは、すぐに死なせてしまったが、サンショウウオの幼生とプールで見つけた親は今も教室で生きている。総合学習の成果だ。忠や章夫や恵一や智志や秀喜の進級と同時に、サンショウウオも進級していった。

三年生の元気の一つは探究心の旺盛さと言える。その元気が、一つのことに集中するとすごい力を発揮し、大きく成長していく力となるのだと、忠たち五人組は教えてくれた。忠は一年を振り返って「ぼくは二年生のとき、漢字がだめでとくべつにそつぎょうしてきました。でも、三年生になって、宿題の漢字をなんとかやってきました。漢字テストで百点もとれました」と書いた。探究心＝元気は意欲の元なんだと、忠の成長から感じた一年であった。

2 実践

「荒れる」竜二の気持ちが動く総合学習を

——見て聞いて触って環境問題を学ぶ

◉愛知・岩倉市立岩倉北小学校　小崎　真紀子

1　大暴れする竜二

竜二は「もうやらん」と叫ぶと、手に持った一〇冊ほどの漢和辞典を放り投げた。そして給食の配膳台を蹴り、泣いて大暴れ。漢和辞典を運ぶとき、「多すぎて危ないから」と私が運ぶ冊数を減らした途端のことであった。まるで一度もらったお菓子を減らされ泣きわめく幼児のようであった。竜二は感情のコントロールができず、ささいなことで激高し、暴れていた。物の管理や整頓が苦手で、机の周りはいつも物が散乱していた。字を書くことが嫌いで、集中できる時間も短かった。

竜二の学年（四年生）は一クラスの人数が三九人と多かった（全部で四クラス）。他に軽度発達障害の子、家庭の教育力が不十分なため問題行動をおこす子などがおり、全体として落ち着かない学年と言われていた。

そんな子どもたちと総合学習に取り組むことになった。私はインターネットや本で調べる学習では、子どもたちを本当に学びに向かわせることはできないと思った。感性に響かなければ気持ちは向かわない。そのためにはぜひ本物に出会わせたい、〝こだわっている〟人や物に出会わせたいと思った。テーマとして環境学習を設定したが、「本物」との出会いの場として、まず地域の人々や物をしっかり調べるところから始めることにした。

2 本物の人・物に出会った子どもたち

「環境」という漠然としたテーマの中で、子どもたちが何を学ぶのか、具体的な問題設定が必要である。そこで四月一九日、まず私が下調べとして、市役所に環境行政や環境団体について聞きに行った。環境問題に大変詳しく熱心な人がいると聞いて行ったのだが、その人は環境保全課の榊原さんであった。市内にはガラスびんの処理工場があって、見学もできること、「岩倉のごみを考える会」という団体があり、ぼかし（発酵促進剤）作りの講習をやっていることなど、多くのことを教えてもらった。また榊原さんは、学校に来て市のごみ問題についてクラスごとに話をすることも了承して下さった。

四月二八日、市の清掃事務所を学年で見学した。市内のごみは全部ここに集められる。ここから隣の市のごみ処理工場に運ばれる。多くのごみ、アルミ缶をつぶす機械、目の前で口を開けるパッカー車……その迫力に子どもたちは驚いていた。ごみを集めている人の話を聞いて「ごみって大変なんだ。ごみを出す時、気をつけよう」、「人の役に立つお仕事なんだ」などの感想を書いていた。ごみ問題への意識付けは一定程度できたが、まだ他人事であった。竜二は、画用紙にまとめの文や絵を描く時、四時間何も書かず、最後の一五分でほんの少しの字とおりいっぺんの絵を描いて終わらせていた。

大量のガラス瓶のかけらの山

市役所環境保全課の榊原さんのお話を聞く

五月一七日、榊原さんが学校に来て、各クラスごとに話をしてくれた。そのお話には教科書の内容を超えたやや難しいものもあった。だが、パネルや実物を使ったお話からは、ごみ問題に関する榊原さんの熱意が直接響いてきた。「毎年小学校ひとつ分が埋まる量のごみが出るんだよ」という話に、子どもたちは「どうしよう」と感想を書いていた。ごみ問題がようやく自分の問題になってきたようだった。

次の関心はごみの減量からリサイクルへ向かう。びんの再生処理工場を見学することにした。

五月二四日、大原ガラス工場の見学にクラスごとに市のバスを借りて出かけた。大原ガラスは県内唯一のガラスびんの再生処理工場であった。県内各地からだけでなく他県からもガラスびんが運ばれていた。そんな工場が市内にあることを、これまで私も知らなかった。他の市の学校は見学していたのに、私たちの市の学校は今まで行ったことはなかった。

ガラスびんは工場で細かく砕かれ、カレットというガラスのかけらになる。ガラスの細かいかけらが飛んでくるかもしれない。工場に行く日、子どもたちは不安を抱え、緊張していた。市のバスに乗るのも初めてであった。見学はマスクと帽子着用であったが、当日忘れた子は誰もいなかった。

工場に着いたら、何よりもぼた山のように野積みしてある大量のカレットに圧倒された。会議室でパンフレットをもとに工場の人の説明を聞いた。「ガラスびんの一部に瀬戸物が入ってしまった実物」や、「カレットから作られたスチールウールのような物」を見せてもらった。初めて聞くことばかりで、子どもたちはとても熱心に聞き、メモもとっていた。工場の人が何気なく「カレット、欲しい人にはあげます」と言ったので、子どもたちはわれ先にもらおうと大騒ぎになった。全員の分を担任がもらい、後で配るということで一件落着する。工場の中は振動・空気の揺らぎが感じられ、働いている人も全員マスク・帽子着用であった。外に出ると、色別に分けられたカレットが山積みされていた。案内してくれた人が「山に上ってもいいですよ」とさらりと言ったので、子どもたちはわれ先にかけあがり、あっという間に五メートルほども上ってしまった。私があわてて下りるように言った。

子どもたちは珍しさの中で一声一声に反応していた。一五〇〇度の熱でカレットを溶かすといった話に驚き、全員、カレットを宝物のようにして持ち帰った。工場の人へのお礼の手紙にも子どもたちの驚きが感じられた。感想文にも「知らなかった」「楽しかった」という言葉が多かった。竜二も「先生、裏まで書いたよ」と見学メモの紙を私に見せてくれた。Ａ４版の紙の裏の最後まで字が書かれていた。「あの、字を書くことが嫌いな竜二がよく書いた」と、私は感心した。

生ごみの減量法の一つとして、ぼかし（発酵促進剤）の活用がある。六月三日、「岩倉のごみを考える会」の会長を含む五人の方々が学校に来て下さり、体育館でぼかし作りの講習を受けた。ぼかしは、もみがら・ぬか・ＥＭ菌を混ぜて作る。会長の説明には「発酵」などやや難しい言葉もあり、子どもたちは少し戸惑っていたが、実習では大変熱心に取り組んだ。実習は各クラス六グループに分かれて行った。それぞれに支給される容器、もみがらなどの材料も、会の人たちが準備して下さった。粘土遊びのような手の感触だったようで、全員が両手を入れてかき回した。クラスに一人ずつ付いてくれた会の人に「もう少しかき回して」、「うん、これならいいよ」など細かく指導を受け、とても嬉しそうであった。感想文にも「粘土みたい」、「楽しかった」というだけでなく、「教えてもらって嬉しかった」と人との触れ合いに心を動かされているものが多かった。講習の後、「材料はどこに売っていますか」など積極的な質問も出た。会の方々からは「子どもたちに元気をもらいました」と、嬉しいメッセージをいただいた。

次は、ごみから水の汚れの問題である。六月九日、五条川左岸浄化センター（下水処理場）へ見学に行った。地下の迷路のような所をまわりながら何か所かで実際に水を汲んで見せてもらい、水がだんだんきれいになるのを実感できた。薄暗く、臭いもする中を歩くのは、まさに五感を働かせ、現場を実感する体験だった。子どもたちは「水をきれいにするのは大変」、「水を汚さないように」などの感想を書いていた。まとめとして画用紙に下水処理場の仕組みやわかったこと・感想を書いた。多くの子が四つ切り画用紙にまとめたが、ふだんなかなか集中できない竜二は、この日八つ切り画用紙を選び、四五分間集中して仕上げていた。「びせいぶつはよごれをたべるいいやつです」「びせいぶつはサイコロ一つに一〇〇〇〇〇〇〇〇〇びきです」と書いていた。最近算数で習ったばかりの億の数をちゃんと使って、ゼロの数を間違えずに書いていた。下水処理場で教えてもらった、水を汚さない工夫や自分で作ったクイズも書いてあった。

3　五感を使った学びは学習意欲に

「ガラスのかけらが飛んでくるかもしれない……」見学前の不安感と期待感・ガラス工場で触ったカレットやぼかし作りの時のぼかしの手触り、ガラス工場の空気のそよぎや音、下水処理場の汚水の臭い・変化した水の色、カレットをもらえた時の嬉しさ、それまで知らなかった大人の人と接して感じたやさしさ。子どもたちはまさに五感と心をフルに使って、ごみについて学習した。やはり五感を使った学びは、学習意欲をおおいに高めると思った。

また、多くの子が「知らなかった」「とても勉強になった」と言っていた。そして「楽しかった」とも言っていた。本来、知ることは楽しいことである。知ることの楽しさ・喜びを感じることができたと思う。そして知ることの楽しさが、また次の学習への意欲につながっていった。

ほとんどの子は教師が「書きなさい」と指示すれば、書く。しかし竜二は、本当に自分でその気にならないと書かない。その竜二が書いたのを見て、今回の学習はどの子どもたちにとっても大事な学びだったのだと改めて思った。

今回のような体験をしようとすると、多くの時間が必要となる。総合学習の時間枠は、この時間を保証するものとして大変有効であった。

二学期は「環境を守るために私たちができること」というテーマで、自分たちで取り組める具体的な活動を行おうと思う。「材料を無駄なく使うエコクッキング」、「牛乳パックなどを使ったリサイクル工作」、「重曹や炭を使ったエコライフ」などを考えている。「重曹からカルメラ作りもできるかもしれない」、「炭はお菓子・化粧品にも使われるというけれど、炭でお化粧すると黒くならないのかな」、「ミニ炭作りもやってみたい」などなど、子どもたちの「わくわく」感が高まる。子どもたちと一緒に調べ、希望をききながら、教師もわくわくできる学習、知る楽しさを感じられる学習をしていきたい。

3
実践

仲間の中で、生命輝かせ
――一七歳の少女の命の記録

◉埼玉県立盲学校　江口　美和子

▽1　六年ぶりの再会と明日香の病気

私は新任から二三年間、盲学校の小学部で教員をしていて、ろう学校に転勤した。その後六年ぶりに盲学校に戻り、高等部普通科一年生の九人を担任することになった。今回高等部で、以前小学部の教員だった頃に出会った生徒たちに再会することになった。そこに明日香もいたのだった。明日香は視覚障害を持ち、視力は右眼〇、左眼〇・〇二で、小学部一年から盲学校で学んでいた。再会した彼女は、私が小学部で会った頃の元気で活発な明日香ではなく、なにか気持ちが内にこもっているような感じだった。「病気だからかも知れない」「思春期だからかな」、そんな思いを持ちながら、新しいクラスはスタートした。

明日香は小学部の途中から病気のため、入退院を繰り返していた。中学部では病院への訪問教育を受けたりもしていた。高校生になり、何とか学校に来られるようになった。だが、いつも心がピリピリしているように見えた。新学期が始まってすぐの日、私が受け持っている世界史の授業の中で、彼女はこんなことを話しだした。「私は、いつも何かやりたいと思うと、病気でやれないんです。肝心な時に入院していて。学校にきても居場所がない。勉強しても面白くない。友だちだってそんなにいないし……」

実は彼女の身体は、重い病魔におかされているということを、保護者から知らされた。「これから、どれだけ生きられるのかわからない」、「いつまた病気が転移するかも知れない」。彼女の心と病気について、「担任として何ができるのだろうか」と私は思い悩んだ。

2　クラスのなかに居場所を——居場所ってあったかいんだね！

「先生、もっと学校に残っておしゃべりしていたい」「病気のこと忘れて、思い切り好きなことをやってみたい」「身体のことを考えないで、好きなバレーを思いきりしたいな！」「普通の高校生がするようなことをやってみたいよね。ウィンドーショッピングとか」

彼女が私に投げかけてくることばを聞いていると、彼女が求めているものがわかった。「当たり前の日常と、たわいもない会話をしながら楽しめる友だち、学校のなかの自分の居場所」。そのことを大切にしたクラスをつくっていこうと教師たちで話し合った。

病気については、常に保護者や病院と連携はするが、必要以上に病気を意識しない。でも、彼女の体調には常に気を配る。けれども、思春期の不安を抱えて生活しているのは明日香だけではなかった。クラスの生徒のなかには、不登校だった生徒、歩けなくなるかも知れないおそれを持ちながらも、車椅子を使うようになった生徒、視力の低下の不安を抱える生徒などがいた。この生徒たちにとっても、障害と向かい合いながら、どう生きていくかは大きな課題だった。そして、仲間がいること、学校に居場所があるということは、心に安心感をつくりだしていくのである。

明日香の心をとらえるのは、やっぱりクラスの仲間たちだった。友だちが「オー、怖い。さすが明日香だ！」というと、「私を怒らせるのは、みんながちゃんとやらないからだよ！」と時には怒り、みんなに喝を入れたりしていた。ある時は、友だちのだじゃれにつきあい「座布団一枚！」とおなかを抱えるほど笑い転げていたのだった。文化祭の取り組みで、ユニセフ募金の提案をしてもみんながわかってくれないといい、何日も悩んだり怒ったりしていたが、ようやくみんなが意図を理解したときは本当に嬉しそうだった。

彼女が、「先生、みんな私のことを気にしてくれるんだね。前は入院すると学校にきても自分の居場所がなかったけど、ここには私の居場所があるよ。居場所ってあったかいんだね」と言った。

3 修学旅行にいきたい！

ある日、明日香が珍しく感情をぶつけてくる。「私は、今まで一回も修学旅行にいったことがない。小学部の時も、中学部の時もいつも私は病院。お土産なんていらない！　行きたいのに行けない私の気持ちになってみてよ！　今度行かないと、私には修学旅行なんてもうないんだから」高等部で学生生活は終わりだ。「修学旅行」はこれからの人生にはないのだった。修学旅行先はクラスで何度も話し合い、沖縄に決定した。クラスの一人が、「俺たちのクラスは、いつも修学旅行の時に、誰かが行けなくて全員そろったことがない。今度は最後だから絶対みんなで行こう！　明日香、絶対だぞ！」という。彼女はそのことばに、大きくうなずいていた。

一二月、彼女の病魔がまた動き始めていた。検査をする日々が続いた。三学期に入って入院となり、訪問教育への措置替えもした。再び彼女は病院での生活に戻り、二年生からは週三日の訪問教育になった。彼女は、それでも、希望を持って入院した。「先生、治療をすればまた、学校に行けるようになるから、頑張るよ。みんなのいる学校に、早くいきたいからね」と言うのだった。

修学旅行は二年生の一〇月と決まっていた。だが、明日香は一〇月だと治療との関係で参加が難しいと判断された。病院側は「一一月なら参加の可能性がある」と言う。保護者からも変更の要望が出された。まず学年団で話し合い、彼女の思いを考えて、時期を変更することにした。次は、クラスの生徒に相談した。

「みんなに相談があるんだけど」と言うと、生徒のなかに緊張が走った。明日香の病状と、一一月なら何とか行けるのではないかという主治医の判断を伝えた。生徒たちはじっと聞きながら、「わかった」と言う。そして、手があがった。「修学旅行はみんなで行きたいから、一一月に変更してもいい。やっぱりクラス全員で行けるほうがいい」。また、手があがった。「私は本当は一〇月に行ってマリンスポーツがしたかった。でも、今までずっと明日香さんと一緒にやってきたから、我慢します」。意見が次々と出され、修学旅行は一一月になった。クラス全員の保護者にも伝え、了承された。

後に明日香は、ホームページに次のように書いている。

学校大好き！　　二〇〇三・一一・一八

私は、学校が大好きです。でも決して勉強が大好きという意味ではありません（爆）。学校で友だちと色々話すのが大好きなんです。でも、前はあまりそう思ってはいませんでした。（略）最近では一年に一度は手術、入院でみんなといられる時間をたくさんなくしていました。そんなとき私は「もう消えたい。私なんかいないほうがいいんだ」と思います。でも、今ここにちゃんと生きているのは、やっぱり友だちに支えられているからです。今年の修学旅行も私の体の関係で一月に変更になってしまい、私はとても申し訳ない気持ちでした。でもみんなは快くＯＫしてくれました。そういうとき、みんなの優しさに支えられているんだと感じます。

4　一二月になり再び入院

二年生になり、訪問教育を受けながらも、体調が許す限り彼女は登校してきた。主治医も彼女が学校に行きたい気持ちを後押ししてくれた。「彼女にいつも日常を送ってほしい」、という思いが伝わってきていた。

一二月に入ると痛みがかなりひどくなり、学校に来ても体が思うようにならず、「先生、今辛いからちょっと待って」と、痛みが通り過ぎるのを待っているかのような時間が多くなった。「保健室で寝ていたら？」というと「私は教室がいい。みんなの声が聞こえるから」と何度も言うのだった。クラスの仲間も、そんな彼女の様子を心配そうに見守っていた。

私の方は、保護者の了解のもと主治医とお会いし、彼女の病状を聞き、不安な時はメールでやりとりをした。主治医とのメールは私の気持ちを安定させてくれ、改めて医療との連携の大切さを痛感したのだった。

三学期に入り、週三回の病院訪問で彼女と学校をつないでいくことにした。私が病院を訪問するときは彼女にクラスの生徒のたちのメッセージを伝え、学校には彼女からのメッセージを伝えた。そのことが、彼女を励まし元気づけた。いつも彼女は学校の話を嬉しそうに聞いていた。時に意識がもうろうとする日でも「みんな、なにしているの？」と学校のことを聞きたがるのだった。

主治医を含めて最後まで、修学旅行の参加を探っていた。だが、一月一一日に最終的に主治医の判断で不参加となった。修学旅行の九日前だった。そのことをクラスで伝えると、一瞬シンとなった。けれども、彼女は病床からみんなにこう呼びかけたのだった。

「今回は行けなくて残念だけど、元気になったら絶対に沖縄に行きたい！　そしたら、みんな一緒に行ってくれる？」彼女からのこの呼びかけをクラスに伝えると、家に帰って親と相談したりしながら、行くことを約束してくれる生徒も出てきた。病院でそのことを伝えると、彼女は本当に嬉しそうだった。その気持ちをこんなふうにホームページに書いた。

〜　今日は、みんなは沖縄へ。でも私はお留守番……。そうなんです。今日は待ちに待った修学旅行の日です。でも、私は体調がいまいち……。でもちゃんと身体の調子がよくなったら、沖縄に行ってくれるということを約束してくれました。だから、安心して急がないで体調を取り戻すことができます。こんなところが私が世界一、このクラスを好きなところですかねぇ……☆な～んて……。　二〇〇四・一・二二

みんなからのお土産を届けたときの彼女の嬉しそうな笑顔。クラス全員からのお土産は、琉球ガラスのグラスだった。明日香の大好きなひまわりの黄色だった。個人的なお土産も丁寧に一つずつ手にし、仲間からのコメントを聞いていた。そして沖縄の話を本当に楽しんでいた。「みんな、お土産をありがとう。すごく気に入ったし、嬉しかった。沖縄バンザイ！　お留守番をしていても、沖縄に行ったみたい。みんな、ほんとにありがとう」と、メッセージを私に託したのだった。

彼女は自分の病気の現状を受け入れ、お土産やお土産話まで受け入れるように変化していた。それは、クラスの仲間の力だった。自分のことを思ってくれている仲間がいる。どんなときも自分はこの人たちに支えてもらっているという安心感。そんなクラスがあったからにちがいない。

5　突然の別れ

彼女との別れは突然にやってきた。二月八日午後一〇時一九分。病名、骨肉腫。

三年生になって、新しい教室には机が九個あった。生徒が、「卒業までは九人でいたい！」と言い、明日香の席があった。彼女の一八歳のお誕生日にはクラスの仲間が彼女の家に集った。

「今の私と私の心」私の心は、晴れたり曇ったり雨だったり。恋をしたり。ひまわりの花は、友だちと先生。みんなに支えられて今の私がいる。（明日香画）

クラスの生徒は、今それぞれの進路に進み、悩みながらも頑張っている。明日香が私たちに残していったものは何だったのだろうか。

それは、「生きるって楽しいよ！」「学校って楽しいところだよ！」「友だちっていいよね！」というメッセージだった、と生徒たちが言う。明日香は、どんなときも生きることを大切にしながら、命と向き合い、精一杯仲間の中で生き抜いたのだ。そして、たくさんの思い出と生きる強さを教えてくれたのだった。

今日という日をめいっぱい生きることを、子どもたちとどれだけ語り合えているのだろうか。毎日の日々も「多忙化」とよべるほど忙しい。だからこそ、ドラマチックでなくともいい、あたりまえの日常を丁寧にくり返し、その中で友だち、保護者、教員と心をつないでいくことを大切にしたい。忙しさの中で忘れそうになった「語り合い」を意識して行うことで、心をつないでいきたい。そして、様々な他者とコミュニケーションを重ねていくことで、他者を自分の中に取り入れることが、広い意味での「学ぶ力」となり、「生きる力」へと転化していくのではないかと思っている。

4 実践

子どもの傍らを歩いて
――「つばさ」で出会った子どもたち

◉石川・適応指導教室指導員　久野　洋子

1 新しい職場

前と後ろに温泉場を抱えた街中の一隅に、私の勤務先、適応指導教室「つばさ」がある。今から六年前、「退職校長ばかりでいいのか」との議会質問を受けて一度だけ職員の公募があった時、応募したのが始まりだった。給料が安いのは分かっていたし、それまでやっていた講師の仕事も大好きだったが、「誰かの代わり」ではなくて、組織の中で「なくてはならない人」になりたかったのだ。

心配なことはいくつかあった。一つは、私は苦労を知らずに、また、人から意地悪な気持ちを受けずに、のほほんと大人になってしまった。そんな私が、いろんなことにつまずき苦しんでいる子や、自分の力ではどうしようもない辛さを背負っている子の気持ちが分かるだろうか、ということである。でも、そんな心配は無用だった。子どもたちの背負っているものが大き過ぎて、「気持ちを分かる」ことはまあ無理。でも、分かろうとさえすれば子どもは受け入れてくれると知った。

小学校五年生の修は、髪の抜けた頭に毛糸の帽子をかぶり、病院と「つばさ」を往復する。「僕の病気は『悪性リンパ腫』で、抗癌剤を打つと食欲が落ちるから食欲の出る薬も飲むんや」「一昨日、隣のベッドの子が死んだんや」なんて淡々と話す彼と一緒に顕微鏡を覗いて「花のつくり」なんか調べたり、二か月の車上生活のあと居候生活で、ご飯にふりかけ、水筒に自分で水を入れてくる痩せっぽちの晴香と二人で紙粘土のご馳走を作ったりしていると、しんどい人生を抱えて生きている子どもに、私は許され教えられて、今ここに「先生」と呼ばれているのだと思う。

もう一つの心配は、私は子ども時代学校ではいつもいい思いをしてきたし、「勉強なんてやればできるもんや」と思ってきた。学校を見るのも怖いと言う子、何年も教科書を見ていないと言う子の気持ちに添えるだろうか、である。中三の九月に「殴られたら倒れて押入れの戸が壊れた」という父親から母娘で逃げてきた芳美は、働くために定時制高校へ行くことを決め、男性嫌いなので、私とマンツーマンで数学を中一からやり直した。他の子が遊んでいる午後も毎日机に向かっていた彼女が突然「帰る！」と言い出したのはクリスマス会の前だった。英語を教えてくれていた先生が自分のことを馬鹿にしていると言って泣くのを三〇分抱きながら、私も国語を教えていたらそう言われたかもしれないと思った。自分も苦手な数学だから謙虚に向き合えたのだろう。得意なことは落とし穴になるのだ。この時「あんたのために音痴の私が歌を歌うから、初めて人前で歌うから、帰らんとき」と説得し、中山譲さんの「芽吹く季節《とき》」を歌った。音痴でよかったと思ったのは後にも先にもこの時限りである。以来、劣等感で一杯の子どもたちに「弱点が強みになることもある」と言えるようになった。得意なことも弱点もみんな含めて「自分らしさ」だろう。その中から、自分はこれでやっていこうという軸のようなものを見つけられたらいい。

2　「ウリ」を見つけよう

「どの子にもみないいところがある」と誰もが言う。もちろん賛成だが、私は、学校にいる間だけでなく一生使える「ウリ」を子どもの中に見出したいと思う。「怒鳴る・暴れる・壊す」で、教育委員会・学校・児童相談所がプロジェクトチームを作って相談した結果センターにやって来た浩司には「工夫する力」があった。物を作る時も算数の問題を考える時も、目をキラキラさせて、より良い方法を見つけよう、作り出そうとする子だった。二日おきに点滴を打ちながら通ってきた沙織は「相手の気持ちを第一に考えられる」子だった。那美は「人に左右されずに自分の意見を言える」貴重な存在だった。不登校でいると「できないこと」「引っ込んだところ」ばかりが目立ってしまうものだ。大人はつい、足りないところを見つけては埋めようとするが、それを探すのに使うエネルギーがあるなら、出っ張ったところを見つけ生かして、世の中へ打って出ることに使った方がずっと建設的だし、力になる。「つばさ」での活動がその子その子の「ウリ」を見出す助けになればと思う。

「つばさ」では午前の個別活動は自分で決める。勉強をする子が多いが、二年間通室した明子は「切り絵」にのめり込み、卒業式の翌日、うつ病で仕事を辞めた父親と先生方に、と自作の切り絵絵本をくれた。不登校になり始めの頃の辛かったことや「つばさ」での出会いを正直に、素敵に描いてあり、これからデザインの学校に通うと言う。小説を書いては見せに来ていた沙紀は、二人暮しの母親を説得して全寮制の演劇学校に入った。「知的障害のある弟の分も勉強する」と言った自転車屋の長男はこの春志望の大学に見事合格した。認知症の祖父に乱暴していた健一は「軍事オタク」で、従軍記者の本ばかり読んでいたが、四年かかって高校を卒業できそうである。彼らは、「つばさ」で半年から一年、自分で決めて自分の好きなことにたっぷり時間を使い、ある意味では贅沢な時を過ごしたと言える。そうすることで自分の中に軸を作っていったのだろう。不登校という一見負の経験をしながら、実はこれからの人生でプラスに働く力を蓄えられたなら嬉しい限りである。

午後は集団活動。隣りの体育館へ行って、多学年男女混合、指導員も一緒になって「つばさルール・ドッジボール（美穂がボールを持った時は皆動いてはいけない）」や「つばさルール・バドミントン（ダブルスの相棒のミスをフォローできたら続けてよい）」に興じる。クラスの子が自分のことをどう噂しているかいつも気になってしかたない由香も、このときだけは頭の中のもやもやを忘れることができると言う。それから畑仕事。何人もの摂食障害の子が、自分らの畑で育てたトマトやサツマイモは食べてきた。普段から伏目がちの典子は、何かしゃべりたいことがあると、草むしりや花ガラ摘みを手伝いに来た。たまにしか来ない孝史はいつも緊張しているが、並んで仕事をしながらだと肩の力を抜いて、家族の愚痴から社会情勢までいろいろな話ができた。それに花や野菜が相手では、どんなに早く大きく育ってほしくても苗を引っ張るわけにはいかない。土を作り、水やりを欠かさず、周りを精一杯整えて、あとはお天道様に頼むしかない、という畑仕事は、どこか私たちの仕事とも通じるところがあるように思う。もう一つは、自分たちで企画する行事。心の元気は、誰かにもらうとたまるというものではなくて、自分が何かに、誰かに働きかけたときにたまるものだ。「お兄ちゃんのように優秀でないと親に認めてもらえない」「私なんか一つもいいところが無い」と言っていた二人組は、大好きな先生のお別れ会を提案し、私が夜当番をしている日に集まって計画を練り、びっくりプレゼントを用意し、指導員にも歌を練習させて拍手喝采の会を作った。不登校になって周りに迷惑をかけてきたと思っている彼女らが、自分の持っている「良さ」で人を喜ばすことができると知ったのがとてもよかった。少々苦労してでも、人を喜ばすと、他の誰でもない自分自身が元気になるのだ。

3　仲間とのかかわり合いの中で

集団活動と言わずとも、「つばさ」の中で一緒に過ごしているうちに、子どもたちは子ども同士でつながりを作っていくものだ。茂は、中一の時から寝たきりの母親とじいちゃんを助けてきた頑張り屋であるが、転校を繰り返してきて「俺、人間不信かも」と言って友達を作ろうとしなかった。それが、元卓球部の潤から習った卓球を、筋ジストロフィーで動きたがらない健司に教えたことで仲良くなり、理髪師見習いになった今でも二人は親友である。健司は、「僕が不登校になったせいで両親が離婚した」と言う。人に迷惑をかけまいとしていつも控えめで無口だが、誠実なことで皆の信頼を得ていた。茂や潤と一緒なら、と学校の職場体験の代わりにうどん屋さんで働かせてもらったとき、仕事が丁寧で「高校卒業したら働きに来い」と言われたことをとても喜んでいた。高校の最初の遠足で山から降りる途中動けなくなった健司を、先に降りていた潤が気づいてすぐ迎えに戻り、背負って降りた、なんていう話を聞くと、子どもたちもたいしたもんだと感心してしまう。人との関係の中で傷ついた子らは、やはり人とのかかわり合いの中で立ち直っていくのだ。

4　岐路に立つ子ら

◆亜弓の場合

二年前のこと、日頃「共感的理解をもって子どもを肯定的に見ていこう」と話している私たちも「参った」という子がやってきた。「つばさ」で唯一の愛煙家である所長が、いつものように換気扇の下でタバコをくわえた時、手馴れた仕草でにっこり笑って火をつけてくれたのが彼女。中三の亜弓である。ほぼ一か月に一人のペースでつき合う彼が替わり、そしてどの彼も「優しいから好き」と言う亜弓は、地域では有名な裕福な会社役員の娘である。六月半ば、親にも言わず、流行の服に鎖やイヤリングで精一杯武装してやって来て、『つばさ』はよく話を聴いてくれる」と翌日から通室を始めた。亡くなった母親の友達から「どこに行ってもあんたはここの中学校の生徒に変わりないんだから、制服で行きなさい」と言われたことを守り、ジャラジャラいろんな物はつけてくるが、一年間制服を着続けた。親身になってくれる人の言葉はとても素直に受け止められる子だ。

しかし普段の生活はというと、午前中はメールに没頭し、化粧やプリクラの整理に夢中。帰宅後も親と夕食を共にせず、親が寝た後町へ出て明け方帰って来るなど、とても「共感」できそうにない言動ばかりが目についた。ただ、朝帰りのひどい顔でも、とにかく休まず来る。私たちは、「つばさ」が彼女の居場所になっている、と高を括っていた。

ところが、他の三年生が高校入試を考え勉強熱心になり始めた二学期のある日、亜弓は、誰もいない三階の部屋に奈緒子を呼び出して、目の前でリストカットしたのである。

初めての事態に私たちは動揺しながらも、現在の母親に来てもらって事情を説明した。「好き勝手なことをして皆さんに迷惑かけて」と言う母親に、「亜弓さんは、自分の心の内を分かってほしい、と訴えているのでしょう。それに耳を傾けてほしい」と話したが、『つばさ』の先生方はあの子に甘すぎる」と言われ、何かすれ違うものを感じながらその日は終わった。

後日、カウンセラーも交えて、私たちがどう受け止めたか、これからどうしていくのが良いかを話し合った。亜弓の訴えに、自分たちこそどう耳を傾けられるのか。容認できない言動の裏にある真の願いを知ろうとすることが、彼女に寄り添うことだと確認し合ったのである。そして、亜弓の一番の課題は、ありのままで愛され、必要とされることだと意見が一致した。彼女はどんな子にも分け隔てなく声をかけ、小さい子に優しく、素直で、運動神経も抜群。なのに、その良さを自分の価値として自覚しておらず、「どうせ私はバカやし」「私なんかおらんでもいい」と言う。「そんなことないよ」と言うだけでなく、本人がそう実感でき、自分は値打ちのある大事にしていい人間だと思えることが必要だった。

亜弓は以前、休日が無いほどお稽古ごとをしていたので、得意なことはたくさんある。クリスマス会では皆で歌う歌の伴奏を頼み、外国の人を招いた席では隣に座らせ、遠足では小学生グループのリーダーになってもらった。辛抱強く毎日おにぎりを作ってくれる母親に「おいしかったよ」とメールで言えてからは「入る高校あるかな」と、若い男性指導員となら勉強も始めた。私は作文と面接担当。

「私は保育士になりたい。いい子も悪い子も一人ぼっちの子も好きです」と書いてきた。髪の色も黒っぽくなってきた。でも、夜遊びは止められなかった。

卒業式の後、亜弓の家を訪ねると珍しく家にいて部屋に入れてくれた。冷蔵庫とテレビと電子レンジのあるその部屋は、以前は足の踏み場も無い状態だったが、その日はきれいに整頓されていた。亡くなった母親の服を出してきて、「お母さん、どうして死んだんやろ」と泣く背中をなでていると、人恋しがりの、九歳のまま止まってしまった小さな亜弓の心をなでているような不思議な気持ちになった。願書提出の締め切り時間ギリギリまで待ったが、結局この年は高校を受験せずに終わった。四月、友達のお母さんがやっている店を手伝っている、と電話があった。「いつでも待っているよ」と言って受話器を置く。

◆政敏の場合

四歳の時から里親の元で育てられた政敏は、親からの手紙が届かなくなった中一から荒れ始め、中二から不登校だった。中三の夏、里親に暴力を振るったので施設に入れるため児童相談所に行ったら、センターを紹介されてやって来た。「僕は捨てられて行く所がない」「もうどうなってもいい」と言う彼に、「他の誰に捨てられても、自分で自分を捨ててはいけない」と言い聞かせると、担任の先生の勧めもあり、一週間考えた末に、政敏は通室を決めた。

小学生二人にキャッチボールを教え、先輩通室生の千春から地理や歴史の調べもののやり方を習い、クリスマス会では真希と一緒に「青春アミーゴ」を踊った。納得いかない時はベテラン指導員にも食ってかかり、休んだ子には来た日に必ず声をかけ、足の悪い私に代わって力仕事を全部引き受けてくれる気持ちの真っ直ぐな子だった。学習時間は三〇分しか集中できないが、毎日出す宿題を欠かさずしてきた。まさに「今の自分にできる精一杯のことをやる」の約束を守り、半年間一日も休まず通室して、野球部のある地元の高校に合格したのである。しかし、里親は経済的に苦しく、県外に住む実母には再婚して新しい家庭があり、「もう親だとは思っていない」と政敏は言う。高校へ行って好きな野球をするためにはどうすればいいか。卒業式の前日電話の向こうで泣きじゃくっていた彼、高校合格を親より先にセンターに知らせてきた彼が、今度は自分で決断しなければならない。音沙汰無しの日が続いた後、「バイトでできるだけ稼いで母さん（里親）と一緒にいる。無理になったら養護施設で仲間たちと暮らす。高校は辞めない」道を選んだ。来賓として出席した入学式で、受験前に教えた「誠実よ実を結べ　勇気よ道を打開せよ」の校歌が高らかに歌われる中、政敏は先輩のお古の制服を着て新しい一歩を踏み出した。

センターで出会うどの子も輝く種を持っている。その種が芽吹き伸びていくのを見たくて、今日も子どもの傍らを歩く。

第2章

総合学習が切り拓いてきた「学びの道」

論文

総合学習が切り拓いてきたつながりひろがる「学び」

◉東京・私立和光小学校・和光鶴川小学校　行田　稔彦

1　何をこそ見直すべきか――「総合学習」

「学力低下キャンペーン」に、学校と家庭が翻弄されている。二〇〇四年一二月、二つの国際調査（ＰＩＳＡとＩＥＡ）の結果を受けて、文科省は、「総合的な学習の時間」見直しについて、中央教育審議会総会の審議に諮った。

中央教育審議会は二〇〇五年一〇月二六日、「新しい時代の義務教育を創造する（答申）」を発表した。その中で、「総合的な学習の時間」について、「授業時数や具体的な在り方については、各教科との関係を明確化するなど改善を図ることが適当である」と答申した。「総合学習見直し」の答申である。「習得型の教育」と「探求型の教育」を「対立的」にとらえないといっているが、あきらかに旧来の「習得型の教育」に振り子が戻っている。

それでは、「学力低下」の原因は、本当に「総合的な学習の時間」にあるのだろうか。本質はそこにはない。問題の本質は、「学べば学ぶほど自分が惨めに見え、友だちとの絆も切り裂かれる」学校の抱える問題や、「学ぶことの意味がわからない」で「学ぶことから逃避している」子どもたちの増加や、そのことによる「子どもたちの二極化」にあるのである。中教審も「成績中位層が減り、低位層が増加している」と二極化を指摘している。

もともと「総合的な学習の時間」は、今回の学習指導要領の改訂において、伝達・注入型の授業と学びを越え、学ぶことと生きることを結びつける創意ある学びを各学校で創り出すことを志向する時間として教育課程のなかに位置づけられたものである。ところが、学習指導要領の総則のなかで、国際理解・外国語会話、情報、環境、健康・福祉という四つの課題が例示され、権力的に押しつけられた。移行措置の期間に見られた特色のある各学校の手づくり実践はだんだん姿を消し、その結果、全国の学校のカリキュラムと実践は、どこを見ても大差のないものになり、パターン化と形式化が進行した。

私たちは、四課題の例示・押しつけを「平和問題抜きの国際理解教育（英語・英会話等）」「人権問題抜きの障害・福祉（施設訪問等）」「直接体験抜きの情報教育（パソコン教室）」「公害問題抜きの環境教育（ペットボトル集め等）」と批判してきた。本格実施後の経過を見ると、私たちが批判した通りの「問うこと抜きの体験学習の時間」になってしまった。「身近な問題から問いを育てること」や「今日的な問題解明に迫ること」を目的としない「総合的な学習の時間」は、子どもたちにとって「実感のある学び」にも、「学習意欲の形成」にも、「学ぶことと生きることを結びつける学習」にもなりえないのである。今大切なことは、現場の先生たちを信頼して、「内容や方法のパターン化」の〝押しつけ〟を見直し、下からの実践づくりを励ますことである。

2 「本物の総合学習」が切り拓いてきた、つながり広がる「学びの道」

文科省から「天下り的」に降りてきた「総合的な学習の時間」であったが、私たちは、日本の教育実践史の中で営まれてきた「総合学習」の時間として、創造的な実践を生み出してきた（『ともにつくる総合学習』新評論、二〇〇一年刊、参照）。それ以降も、さらに実践を発展させてきた。『生活教育』（日本生活教育連盟発行月刊誌）誌上には毎号、子どもの豊な学びが紹介されてきた。押しつけでも放任でもない、子どもの関心から始まり、子どもの問いが深まり、子どもの生きる力へとつながる「豊かな学び」である。本稿では、実践の事実から、私たちが切り拓いてきている「子どもの学び」を学習論として整理してみた。そこには、知識の量と速さだけを競う「日本型学力」とは全く違う、「本物の学び」の姿がある。

◆学びのつながり・ひろがり――仲間と地域の中で

子どもが学習の主体となって学び始めるのはどんなときだろうか。それは、「語りたいことがあって伝えたい人がいるとき、子どもの『学び』はつながり・ひろがる」ということである。「どうしても語り伝えたい発見や驚きのある本物の生活や体験があることと」と、同時に「それを聞いてくれたり発展させてくれたりする仲間がいること」の二つの要素を満たすことである。

私たちの拓いてきた総合学習でも、子どもの驚きと発見が身近な仲間や地域の生活者として生きる大人との出会いで共有され、「学び」として発展していることが示されている。

「フナ追っかけ大作戦」（第2章・谷保裕子実践）では、湖から産卵に上るフナを追っかけ、次々と生まれる疑問が、新しい課題になって学習が展開された。田んぼにフナがいっぱい。「何でこのフナはあがってきたのか」が子どもたちの疑問となる。子どもたちは、湖や川、田んぼの歴史、生命の誕生と死を学ぶ。その中で、湖と水路、田んぼがつながっていることを確認していく。「コイヘルペスってなに？」「昔は小ブナ、今は大ブナなぜ？」など次々に問いが生まれる。三方湖で漁師をしながらうなぎ屋を営む傍ら生物の研究と浄化活動にとりくんでいる吉田さんという人と出会って学ぶ。総合学習のまとめに、吉田さんの店にうなぎ丼を食べに行った。地域に住む人のやさしさに支えられて、地域の今日的な課題をとらえる「おいしい環境教育」となった。

◆本物と出会い学ぶ

「人間の差は体験の差」と言えるくらい、体験の質が認識の広がりと深さに関係する。私たちが「本物」というのは、〝ごっこ遊び的〟な「体験」に対置して使っている。「米づくりからの総合学習」（第2章・村越含博実践）は、まず学校に田んぼを作ることから始まる。水田づくりから代かき、田植え。そのプロセスに芦別の稲作農家で減農薬／無農薬の米作りに取り組んでいる山本英幸さんに関わってもらう。その後、育てるための調べ学習、新聞づくりでの学習表現で植物としての稲、病害虫について学ぶ。夏休みには観察記録をとり、九月にはそれに基づいて学ぶ。そして収穫。さらに、このプロセスの中でも山本さんの稲作りと自分たちを比較研究する。籾摺り、精米、収穫祭。たんねんに、実体験を重視して米作りを展開した。最後に、米作り農家が減少する日本の中で、作付け面積や農業就業人口が増えている芦別という自分たちの地域をとらえる。「芦別はすごい、農業をがんばっているところ。もっといろんな人に米を食べてもらいたい」という子どもの率直な声を引き出している。

◆問いを育てる

総合学習では、見る・聞く・するなどの実体験を重視して、「身近な事実から今日的な課題をとらえる知性」を育てたいと考えている。この知性は、「適応主義的な知性」ではなく、「批判的・創造的な知性」である。私たちは、ごっこ的な体験学習を「体験主義」と批判する。それは、適応主義的な知性につながるからである。それでは、「体験主義」と私たちの「体験を重視した学習」の違いは何か。それは、「問い」の連鎖的なつながりやひろがりを重視するかどうかにある。子どもたちの学習が、自然や社会の本質的な事柄に迫るかどうかのキーワードは、「子どもの問い」である。

「世田谷特産・大蔵大根」(第2章・栗原伸実践)では、青首大根が全国に広がる前に地域の特産であった「〝大蔵〟大根」を軸に、学習が展開されている。市場に出すこともできない大根を作っているのは「世田谷に農家があったこと、そこでとれた野菜を食べていたことを子どもたちにわかってほしい」という農家の人の思いを伝えたいことも、この学習の大きなねらいになっている。「青首大根と大蔵大根の二つを比べること」から学習が始まる。次に「大蔵大根を畑から抜く体験」、「大根情報集め」と学習はつながり広がる。「実感をもった問いは体験から生まれる」と栗原さんはまとめている。

◆「自分が見え、友だちが見え、自分と世界のつながりが見える知性」を

総合学習は、単なる知識の蓄積ではなく、「学ぶことが生きる力に転化する学習」をめざす。その知性は、他者に働きかけ自己を変える体験的で能動的な学習の中で育つ。学ぶことを通して自己と向き合うことを大切にしたい。「つよしの中に平和学習はあった」(『生活教育』〇五年七月号・藤井景実践)では、「平和」をテーマにして取り組まれた「総合的な学習の時間・かがやき」の実践が紹介されている。「けんか」とは何かをスタートに、「世界大戦」、「原爆」、「朝鮮学校」、「回天基地記念館」など子どもたちは興味を持ったことを調べ学習した。さまざまな人に出会って自分の疑問に迫った。「戦争をなくし平和でいたいという願い」を学びとっていった。「身近な平和」を深め、自分たちのクラス集団の実態にも切り込む学習へとつなげていった。

3　今こそ「本物の総合学習」を

「総合学習が拓いてきた学び」を「①つながり広がる学び、②本物との出会いでつながり広がる学び、③問いを育てる学び、④自分が見え、友だちが見え、自分と世界のつながりが見える学び」という四項目に整理するだけでも、これまでの教科教育の枠だけでは語れない「学び論」が見えてくる。総合学習の目的は、現実生活の中に今日的な課題をとらえ仲間とともに問題解決の主人公となって能動的探求的に学び、主権者としての自覚を深め、自立した市民を育てることにある。今こそ、「本物の総合学習」をさらに発展させていきたいものである。

1 実践

どんぐりから粉の世界へ

◉石川・金沢市立鞍月小学校　加藤　博之

四年ぶりに一年生の担任になった。元気いっぱいでスタートしたのだが、チャイムで教室に戻って来ることができなかったり、授業中に立ち歩いて落ち着きがなかったりする子が四、五人いて、みんなで学ぼうというクラスの雰囲気がなかなかできあがらなかった。

そうしているうちに一学期が終わり、夏休みに。この子たちが夢中になり、みんなで学ぼうとする素材はどこかにないだろうか……ずっとそんなことを考えていた。そこで頭に浮かんだのが秋になると子どもたちがよく手にするどんぐり。すごく身近なものではあるけれど、「どんぐり」という名前は総称で、実はいろいろな名前があり、それぞれに形や色、大きさが違っていることを子どもたちは知っているのだろうか。この事実を知ったら子どもたちはきっとびっくりするだろうな……ここから学びが広がっていかないだろうか。まだゴールらしきものは見えなかったけど、とにかくやってみよう。さっそく教室にいろいろなどんぐりを持ち込んでみた。

1　どんぐりって食べれるの？

「今日はどんぐりでいろんなものを作って持ってきました」子どもたちの目の前にあるブラックボックスから、まずはどんぐりで作ったネックレスが出てきた。そのあとはマラカス、どんぐりごまも登場した。そして最後にいよいよ……。

「最後はどんぐりで作っただんごです！　食べてみて」「えーっ！」「どんぐりって食べれるん？」「どんぐり食べたら耳聞こえんくなるってばあちゃんが言っとったよ」といいながら、急いで手にとり「先生、もう食べていい？」と聞いてくる子。本当に大丈夫なのかとおそるおそるながめている子。でも、ものすごく興味がわいているのは間違いなかった。「おいし〜い！」、「うま〜い！」味はなかなか好評だった。

「このだんごは『マテバシイ』というどんぐりで作ったんや」「わあでっけー！」と、普段何気なく見ているどんぐりにいろいろ種類があることを知った時間だった。「どんぐりでみんなしたいことあるかな？」「おれらもだんご作りたい！」「こまも作ってみたい」「ネックレスも」と、一気に子どもたちの意欲は高まり、次の時間へのエネルギーとなった。

◆どんぐりだんごを作ろう！

どんぐりの工作をたっぷりと楽しんだ後、待望のどんぐりだんごを作る日がやってきた。

当日はお母さん方にも応援をしてもらって挑戦！　作業は、①どんぐりの殻をむく、②どんぐりのあく抜きをする、③どんぐりをすりばちでつぶす、④白玉粉をこねてどんぐりの実と混ぜる、⑤だんごの形を作る、⑥お湯でゆでてできあがり！　の順で行った。どんぐりの殻は一つ一つ丁寧に割って集め、あく抜きのときは鍋の中をじっと見つめ、「茶色くなってきたよ」「いいにおい！」と、声があがった。

白玉粉の水加減はお母さん方の出番。それをまねして子どもたちも力をいれてこね、形作りは「先生、ハート型でもいい？」「うさぎの形を作ったよ」とウキウキ。だんごといえば丸い物、という大人の発想を破ってくれる子どもたち。さすがだ。最後はお湯に通してできあがり。口に入れた瞬間に「おいし～い！」と言う声があちこちから聞こえてきた。大事そうにタッパーに入れてお土産にする子もかわいらしかった。

うまく作れるのだろうかと心配をしていたが、うまく作ることよりも子どもたちが夢中になって作っている姿に私もお母さんたちも感動した。子どもたちの意欲と大人の応援がまさに一緒になり、学び合った体験だった。

◆どんぐりのほかに食べていたものは？

どんぐりだんごを食べたあと、「昔の人はこうやってどんぐりを食べていたんだろうね。でも、食べていたのはどんぐりだけかな？」と、子どもたちに聞いてみた。

さっそくおじいちゃん、おばあちゃんへのインタビューにチャレンジすることになった。そして、子どもたちが聞き取ってきた話は大きくわけて三種類に分けることができた。
❶そのままでたべたもの……くり、さつまいも、ぎんなん、しいのみ
❷つぶして食べたもの……くるみ、ぎんなん、とちのみ
❸粉にして食べたもの……だいず、そば

と、そのとき教室のどこからか声があがった。「とちの実ってなんや?」「そばって何?」「あのつるつるって食べるやつ」「そばの実ってみんな知っとる?」「えーっ、しらんよ」「ぎんなんもしらん」「あれっ、ぎんなん知らんが?」「おれ知っとるよ」「わたし知らん」

これまであまりなかった、報告の中で見つけた新しい疑問。わからないことがわかるおもしろさを実感し始めたのだろうか。もっともっと知りたいという子どもたちの興味のアンテナがピンと立ったのだろうか。「さあ、みんなのわからんことが出てきたぞ。がんばって調べてみようぜ」

2　自分たちの力でなぞがとけたぞ！

次の週の月曜日、教室に行くと佐幾がやってきた。「せんせー、パソコンで調べてきたよ」なんとみんなのなぞになっていた「ぎんなん」「そば」の写真を持ってきたのだ。颯人が予想した通り、真之がお父さんから聞いてきた通り、「ぎんなん」の白い実はオレンジ色の中にあることが写真からわかった。

「そば」も、佐幾が持ってきた写真を見ながら、「これがそばの花だって。どこに咲いとる?」「畑

や」「そうやな。どんぐりみたいに木になるんじゃないんやね」とやりとりして、実の写真を見せると「わあっ、黒い」「なんかかたそうやね」とまた驚きだった。

自分たちで調べてきたことでなぞがとける……まさに仲間で学び合っている姿だった。調べてきた佐幾はもちろん、一緒に学んだ子どもたちもどこか誇らしげに見えた時間だった。

◆そばの実は黒い？　白い？

次の日、蓮太郎が本物を持ってきた。それは「そばごめ」。前の日に「そばの実」という話を聞いてお母さんが持たせてくれたらしい。さっそく中をのぞくと「あれ？　これ白いよ」という声。きのう見た写真ではそばの実は黒かったのにこれは白い。

「でもいいにおいや」「食べれる？」「食べれるよ」「味は？」「うまい！」本当においしいものだった。しかしきのうの写真の実は黒い。今日の実は白い。そば？　そばごめ？　新たななぞがわいてきた。

3　今度は先生の出番だ！

子どもたちがこれだけがんばって調べてきたのなら、私も子どもたちを応援しようと思い、本物のそばの実が手に入りそうなそば屋さんに電話をした。

「すいません。そちらの店にそばの実はありますか？」「はいありますよ」「やった。ありますか。それじゃあ少しゆずってほしいんですけど……」「ああ、いいですよ」

子どもたちが見たがっているという話をしたら即オッケー！　すぐに訪ねてみることにした。店に入ってみると中には大きな機械引きの石うすが。鮮度にこだわり、毎日石うすでそばの実をひいてそばを打っているという。

「子どもがこれ（蓮太郎が持ってきた白い「そばごめ」）を持ってきたんですけど、これは何ものですか？」「ああ、それはこのそばの実（黒いもの）を脱穀して皮をとったものや」

これまでの学習のいきさつを話すと、「それならこの実を持っていって見せてあげてください」と、そばの実を安くゆずってくれた。子どもたちが石うすでそばの実をひいてみたいと言っていると言うと、「そりゃぜひやってみてください。そばの風味が味わえるよ」と応援してくれた。

次の日、そば屋さんからいただいたそばの実を持って教室に。「本物のそばの実が手に入ったぞ！」「どれ？」「見せて！」「写真と一緒や」

◆石うすでそばの実をひいてみよう

そばの実が手に入ったとなれば、次は石うすだ。とはいってもどこで手に入れたらよいのか。地域の古いお宅にはないかと公民館長さんに聞いたり、保護者にも聞いたりしてみた。そしたらきれいなものではないが、四年生の保護者の家に古くて大きな石うすがあるらしいという情報を得た。よっしゃ！　それに、ホームセンターの広告に手打ちそばセット用の石うすが出ているではありませんか。よし、これも一つ購入だ。

「石うすが手に入ったよ！」と、子どもたちに報告すると「やったー！」と大歓声。すぐにでもやってみたいという騒ぎになった。そばの実をひいて、おばあちゃんたちが食べていたという「そばがき」を食べるのだと言う。

さあ当日。大きい石うすは傷みが激しいので米粒をひき、新しい石うすではそばの実をひいてそばがき用に集めることにした。子どもたちは列をつくり、順番にひいた。列の後ろから気になってのぞき込む子もいて、わいわいがやがやと石うすひきの体験は行われた。

◆そばがきを食べてみよう!

石うす体験以来、「そばがきを食べたい!」という子どもたちは、休み時間や放課後の時間を使ってそばの実をひいた。一〇日間ぐらいかけただろうか。ようやく一人一杯分ずつぐらいの量がたまったので実行となった。

朝からおわんとはしを持って、もう待ち遠しくてたまらない子どもたち。足早に家庭科室にとあがっていった。「せんせー、早くそばの粉ちょうだいよ」子どもたちは粉の中にお湯を注いでいった。

「まだかたいよ」「びちゃびちゃになってきたよ」

そして、だんだんとできあがってきたらしく「食べてみていい?」と聞くので、「いいぞ!」と言うと、「おいし〜い!」と言う子と「なあん味せんよ」と言う子。作り方は簡単と思っていたけど、どうもお湯の加減でその柔らかさが決まるので、子どもたちにはちょっぴり難しかったようだった。

結果、味は賛否両論。でもさらさらの粉がねばっとしたものに変わっていく、その変化が子どもたちはおもしろかったようだった。

どんぐりからスタートし、粉の世界へと広がっていったこの学習。素材から広がるドラマに驚き、そのなぞを自分たちの力で調べていった子どもたち。それは大人たちも巻き込み、互いに学び合う体験となった。

子どもたちが「仲間に伝えたい」と、次々と調べを進め、学びはどんどん深まっていった。そして互いに学び合う姿がとても頼もしく見えた学びだった。

2 実践

たんぽぽ学級は「ザリガニ学級」

◉埼玉・八潮市立八幡小学校　長江　清和

1　ザリガニ釣りのお誘いから始まった

「一緒にザリガニ釣りをしませんか」という隣の小学校の先生からの誘いがきっかけで、ザリガニとたんぽぽ学級（知的障害学級）の関わりが始まった。ザリガニ釣りをするなんて、私自身、約三〇年ぶりのことである。私は、わくわくしながら、学級の子どもたちに話をした。五年生のとし君は、これまでにザリガニ釣りの経験があるようで、「僕は一〇匹、釣ったことがある」と、自信ありげだった。泣き虫で、新しい取り組みに尻込みしがちなとし君が、珍しくやる気を見せていた。四年生のしおりさんと一年生のしょう君は、初めての挑戦のようだった。

六月になって、ザリガニ釣りが行われた。私は、まず一匹釣って子どもたちの手本になろうとして真剣に釣っていたが、なかなか釣れないので用水の中をのぞき込んだ。すると、隣で釣っていたとし君が、「先生、そんなにのぞいたら、ザリガニがびっくりして逃げちゃうよ。ザリガニは、目がいいんだよ」と、私に注意した。私は、「あ、そう……」と、とし君の注意に従った。その後とし君が、一匹釣り上げた。

とし君は、その後二匹目も釣り上げた。「とし、すげー！」と、私は思いっきり賞賛した。こうなったら、立場逆転である。私は、「とし先生」に、ザリガニの釣り方を教わることにした。「先生、土管の中に、結構いるよ」、「えさをあまり動かしちゃ、だめだよ」「ときどき、少しえさを動かすと、いいよ」などと、私に教えてくれた。そうしているうちに、私のえさにザリガニが食いついた。とし君に教わったように、ゆっくりとさおをあげて、ザリガニを釣り上げた。釣り上げた時の感触、思わず「ヤッター」と叫びたくなるくらい、うれしかった。しかし、しおりさんとしょう君は、一匹も釣ることができなかった。この日釣ったザリガニは、教室に持って帰り、飼育することにした。

2　ザリガニの赤ちゃん誕生！

ザリガニの水かえとエサやりは、子どもたちの仕事になった。当然、とし君がリーダーシップをとった。しおりさんは、怖いのを我慢して、とし君のまねをしながらザリガニの世話の仕方を覚えていった。しょう君は、嫌々ながらではあったが、私がついて一緒にザリガニの世話を行った。夏休み中は、とし君が家に持ち帰って世話をしてくれた。

大切に世話をしていたが、飼育しているザリガニが、一匹死んでしまった。私は、死んでしまったザリガニを、学級の畑の隅にでも、埋めようと考えた。そのときにしおりさんが、「川に帰してあげようよ」といった。しおりさんは、お父さんやお母さんや兄弟や友達がいる川に帰してあげたいと考えたのだった。しおりさんの思いが、とても優しさにあふれていると感じた。

二学期になって、ザリガニの飼育の仕方を本で調べていると、大きさが同じくらいのオスとメスのザリガニは、同じ水槽で飼育しても共食いをしないで飼育できることがわかった。「赤ちゃんが産まれたらいいね」と話をし、早速大きさが同じくらいのオスとメスを選んで同じ水槽で飼うことにした。

九月の末のある日、いつものようにザリガニの水かえをしていると、とし君が私を呼びに来た。「先生、メスザリガニが、ネバネバしています」というので、私は事態がつかめぬままとんで行った。すると、メスザリガニの腹に卵がいっぱいついていた。「とし、これは卵だよ、ザリガニが卵を産んだんだよ」と、私は興奮していった。私にとっても、ザリガニが卵を産むのは初めての経験であり、その事実に興奮していた。この日から、ザリガニのオスとメスを別の水槽に移し、赤ちゃんが産まれるのを楽しみにして、飼育することにした。

ザリガニの飼育の本によれば、卵は二〜三週間ほどでかえって、赤ちゃんが産まれるということだった。カレンダーに赤ちゃんの誕生の予定日を書き入れて飼育をするが、一〇月の末になっても、いっこうに卵がかえる気配がない。また、ザリガニの飼育の本を調べる。すると、秋に産んだ卵は、寒くなるとかえらず、そのまま冬を越えて春になってかえることもあるという。今年中の赤ちゃんの誕生は、あきらめなければいけないかなあと、子どもたちと話をした。

一一月も下旬になった放課後、私は何気なくママザリガニの水槽をのぞいた。すると、水槽の中で動く、小さなものを発見した。ザリガニの赤ちゃんだ！　私はそっとママザリガニをつかまえて手に取り、腹を見た。なんと、卵から足やしっぽがチョロチョロ動いているのが見えるではないか！　私はもう天にも昇るくらいの喜びを感じ、一刻も早く子どもたちに報告したい気持ちだった。

次の日、子どもたちが登校してくるやいなや、私は子どもたちを集めて、ママザリガニの水槽を見せた。とし君は、ホッとしたような表情を見せて、喜びを表現した。しおりさんは、「ヤッター、赤ちゃんが産まれた！」と飛び上がって、喜びを表現した。しょう君は、水槽をじっとのぞき込み、ザリガニの赤ちゃんに興味を示した。

3　ザリガニの先生になっちゃった！

四月になり、とし君は六年生、しおりさんは五年生、しょう君は二年生となった。ザリガニの赤ちゃんは、生まれたときは一～二ミリ程度だったものが、この頃には二センチ程度になっていた。たんぽぽ組では、これまでに二回、全校の前で、ザリガニが卵を産んだことと、ザリガニの赤ちゃんが生まれたことを発表する機会があった。それをきっかけに、教室にザリガニを見に来る子どもたち（ときには教師）がいた。また、日常的に教室に遊びに来る子どもたちにも、ザリガニの人気は高かった。全校の中で、「たんぽぽ＝ザリガニ」という認識が浸透してきていた。

新年度が始まって間もない頃、二年生の学年主任の先生から「二年生の生活科でザリガニ釣りに行くんだけど、とし君としおりさんに事前の学習でゲストティーチャーになってもらえないかしら」という依頼を受けた。私は二つ返事で話をうけ、ゲストティーチャーの話は、二年生の先生から伝えてもらった。二人は「はい」と答え、ゲストティーチャーの話は正式に決定した。この手続きをふんだことは、結果的によかった。人前では自信のないとし君だが、直接頼まれて返事をしたことが励みになったからだ。しおりさんもまた、コツコツと努力をすることが苦手なのだが、逃げずに学習に取り組めた。

二年生の友達にザリガニの釣り方を教えるために、とし君の作文を使うことにした。初めてザリガニ釣りに行った後に書いた、「ザリガニを釣るには」という作文である。この時ザリガニを釣ることができなかったしおりさんとしょう君に釣り方を教えてほしいとお願いしたこと、そのとき私に助言したことを思い出させ、書き綴ったのであった。自らザリガニ釣りで体験したことが表現されていた。

当日は、一二〇名近い二年生を前にして、とし先生としおり先生は、見事に役目を果たした。まず、「ザリガニ釣りに持っていくものは何でしょうか？」とクイズを出した。二年生の子どもたちは、蜂の巣をつついたように思いつくままに発言をした。するととし先生が「ザリガニを釣るには、釣りざおと、バケツと、エサがいります。エサは、するめのイカがいいです」と、作文の一節を読み上げて正解を言い、しおり先生が実物を出してみせた。次に、とし先生が「ザリガニを釣るには、ザリガニがいそうなところをさがさなければいけません。ぼくのおすすめは、あわがでているところです。けっこういます。せまいところにいます」と、また作文の一節を読み上げた。このときは、事前に撮影してきたビデオを見せた。二年生の子どもたちは、集中して画面に見入り、泡が出ている場面を見つけると大騒ぎになった。この後、ザリガニの釣り方について、作文に書かれていることを寸劇仕立てのクイズにして解説した。二年生の先生方から、とてもわかりやすかったと評価され、子どもたちからも大好評であった。

4　教室が「ザリガニ研究所」になった！

昨年度からのザリガニの飼育に関することをまとめて、その情報を発信するために、教室を「ザリガニ研究所」にすることにした。「研究所」のイメージは、子どもたちが好きなアニメの『ポケットモンスター』にでてくる「ポケモン研究所」にヒントを得た。とし君が博士、しおりさんが助手、そしてしょう君がザリガニマスターをめざし「研究所」に勉強をしにきているザリガニトレーナーとなるように設定した。

「研究所」には、これまでの学習の成果をパネルなどにまとめて展示し、博士のとし君がパネル展示を説明するようにした。また、これまでのビデオを編集して、視聴ができるようにした。「研究所」に「見学者」があったときは、助手のしおりさんが説明係になった。トレーナーのしょう君は、ザリガニの扱い方をふれあいコーナーで実演して見せた。そして、「かっぱの学校」というザリガニの支援サイトに八幡小たんぽぽ学級のページを作り、これまでのザリガニ釣りとザリガニの飼育のことをインターネットで発表した。「研究所」では、そのホームページが見られるようにした。

六月の上旬に行われた全校遠足では、六年生の男子がザリガニ釣りをして、青いザリガニを釣り上げた。その青ザリガニをたんぽぽ組がゆずり受けて育てることになった。私自身、青いザリガニを見るのは初めてだった。とし君は、「僕は白いザリガニだったら釣ったことがあるよ」といった。そこでとし君とザリガニの本で調べてみると、ザリガニの体の中にある赤い色素が抜けると、ザリガニの

研究成果を説明するザリガニ博士のとし君

身体はだんだん青くなり、さらに色素が抜けると白くなるということがわかった。さらに、相模川ふれあい科学館というところで青いザリガニを飼育しているという情報を得た。事前に飼育係の人と連絡をとり、とし君を中心として質問を考え、質問の手紙を送ることにした。この手紙に、飼育係の人がていねいに答えてくれた。この返事には、特にとし君が興味を示した。会ったこともない人が、自分の手紙に答えてくれたことがうれしかったに違いない。その後、青ザリガニを見て質問をする人がいると、とし君が自信を持って答えられるようになった。

教室の入り口には、「たんぽぽザリガニ研究所」という看板をかかげた。ザリガニをめあてに教室を訪れる通常学級の子どもたちがさらに増えた。そして、ザリガニの赤ちゃんや青ザリガニなど、生きた教材から学んでいく姿が見られるようになった。その姿から私は、障害児学級の子どもたちが通常学級に入っていって共に学ぶというだけでなく、障害児学級から情報を発信し、障害児学級に通常学級の子どもたちが入ってきて共に学ぶという、新しい形ができたように感じた。

5　ザリガニから学んだこと

三学期になり、ザリガニ博士のとし君の卒業式が迫ってきた。ザリガニは、とし君に自信を与えてくれた。ザリガニに関しては学校で一番の物知りであるという自信と、ザリガニの赤ちゃんの命を誕生させ、その命を育てているという自信である。いわば、とし君にとってザリガニの飼育は、小学校の卒業研究といえるものになった。

とし君が卒業した後も、たんぽぽの教室では、ザリガニの飼育を続けた。とし君がいなくても、しおりさんとしょう君が世話をした。ザリガニの飼育は、しおりさんとしょう君にとって日常生活のひとつになっていた。エサやりや水かえは、定期的に行う。毎日大きな変化があるわけではないが、ザリガニが脱皮したりしていると、そのたびに新鮮な感動を子どもたちと共有した。その継続した体験の中から子どもたちは、脱皮したてのザリガニをさわると死んでしまうというようなことも知っていく。そういう体験のなかから、学級の文化として定着し、しっかりと受け継がれていったのであった。

3 実践

竹の子掘りから竹の学習へ

◉大阪・吹田市立北山田小学校　本郷　佳代子

1　竹の子掘り

校区には多くの竹林が残っているので、校長に了解してくれそうな方を探してもらい、ＰＴＡ会長所有の竹林で竹の子掘りをさせていただくことになった。まずは、竹の子掘りに使う道具のことや、掘った跡の穴に肥料を入れ土をかぶせておくことなどを教えていただいた。

そして、いよいよ竹の子掘りの始まり。初めは五人くらいの代表者だけに掘らせてもらうという話だったのだが、結局五、六人ずつ順に呼ばれ、全員一本ずつ竹の子掘りを体験することができた。会長は、「一生懸命な子どもの様子と掘れたときの嬉しそうな顔を見ると、代表の子どもだけというわけにいかんやん」と言って下さった。

全員が掘った後、私はすぐその場で竹の子の切れはしを食べて見せた。みずみずしくて美味しいということを伝えたかった。子どもたちに食べさせることができなかったのが残念だった（吹田市では、Ｏ１５７以来、給食や授業で生ものを食べさせないことが決められている）。

最後に、全部で一〇〇本近くの竹の子と、地下茎をもらって帰った。

2 竹の学習

◆絵を描き、食べる

さっそく、持ち帰った竹の子を教室で絵に描いた。図工科でパスを使う学習をしていたので、子どもたちはパスを塗り重ねたり、削ったりして懸命に描いていた。描きながら、「竹の子に毛が生えている」「竹の子の下の方に赤いぶつぶつがある」「皮に線がある」とつぶやき始めた。みんな「赤いぶつぶつ」にとても興味を持ったようで、「先生この赤いぶつぶつは、何やろ?」と言い出した。「どうしたら解る?」と子どもたちに返すと、「図鑑で調べる」と答えて調べたが、図鑑には載っていなかった。「校長先生に聞く」という案も出たが、結局ＰＴＡ会長さんに聞けばいいということになり、子どもたちはさっそく聞きに行った。ところが「知らない」と言われ、専門家のＰＴＡ会長さんでも解らないことがあるということに気づき、ますます竹に興味を持ったようだ。竹の学習が進む中で、後に「赤いぶつぶつ」は成長点だというこ

掘った竹の子を手に友だちと比べっこ

とが解った。また、絵を描いた時の「毛が生えているのはどうして?」という疑問には、芳樹が、「虫とかから守るんやと思う」と意見を出した。

絵を描いた後は、一人一～二本家に持って帰り、各家庭で食べた。あくる日の朝の会で子どもたちから、どんなふうにして食べたかという話が出た。黒板に書いてみると、天ぷら・サラダ・竹の子うどん・味噌汁・チンジャオロースー・お吸い物・炊き込み御飯・煮物・おひたし・さしみ、といろいろ出てきた。このことがきっかけで、竹の子料理のレシピを書いてくる子が何人か出てきた。

◆竹の子は竹の子どもやで

「竹の子は竹の子どもやで」という弘明の発言から、植物図鑑で竹のページを探し当て、竹にはいくつか種類があることを見つけた。モウソウダケ・ハチク・マダケ・ネマガリダケなどと書いてあるけど、自分たちが掘った竹はなに竹か、と興味を広げていった。「先生どの竹?」とみんなが言ったが、「どうしたら解る?」とまた子どもたちに返した。今度は、迷わずPTA会長に聞けばいいということになり、健介や和人が会長に聞きに行き、モウソウダケだと解った。

モウソウダケの見分け方を調べた子によれば、節から二本枝が出ているのがモウソウダケで、マダケも同じ枝の出方ということが解った。クラスや学年で散歩に出かけると、「これはモウソウやと思う」などと立ち止まって話したり、確かめ合ったりして、散歩がなかなか進まないときもあった。

竹の種類を調べているとき、子どもたちはクロチクという黒い竹があると驚いていたが、何日か後の朝の会で芳樹が「学校の通用門の前にクロチクがある」と発表。さっそく、みんなで通用門の所にいってみた。本当にクロチクだった。いつもみんなが通っているのに今まで気がつかなかったクロチク。そういうものが見えてくる。学習すること、興味をもつことのすごさを感じた。

ある時は、散歩の途中、竹の根っ子が見えているのを発見し、そのすごさにみんなでおどろいた。皮を落としているのが竹で、成長しても皮をつけているのが笹だと見分け、校庭で笹を見つけた。今度は「同じような葉っぱなのにどうして竹と笹と分かれているの？」という疑問をもち、植物図鑑で調べた。成長したときの見分け方を見つけ、得意げに報告してくれた。博史が「ちまきの葉っぱは笹の葉っぱだって、お母さんが言ってた」と言ったことから、由美は、「笹の葉っぱに包むのはわけがあって、それは笹の葉っぱには殺菌作用があるから」と調べてきた。

それに、竹の子が土から頭を出して、一日に一メートルも伸び、一か月たつと立派な竹になるということにも、子どもたちはびっくりだった。

◆竹製品集まる

「竹の皮は、おにぎりを包むのに使う」という大樹の発言があって何日かしたとき、さきが竹の皮を持ってきた。それをきっかけに子どもたちの竹製品探しが始まり、教室に竹製品がどんどん持ち込まれた。竹刀・笛・竹とんぼ・竹がえし・竹馬・コップ・釣竿・うちわ・竹炭・スプーン・お箸・へら・竹ぼうき・竹踏み・竹の花器・火吹き竹・水鉄砲・巻簀などである。里香は一年生の学習を思い出し、「一年のとき見たアイヌのムックリ（口琴）って、竹でできているんじゃなかった？」と発言した。

「キャンプのとき竹を使って、そうめん流ししたよ」という何人かの発言の後、誠が、「会長さんのところで、竹をもらって、そうめん流ししたらいいやん」と言うと、「やろう」と大合唱になった。

子どもたちはそうめん流しのことを調べていった。晃はそうめん流しの絵を描いて来た。俊樹と裕也は、五十センチメートル程の長さで、縦に二つに割った竹をそれぞれ持って来た。しかし、この話をすると校長が、「そうめん流しはあかん」と一言、残念ながら実現しなかった。

大樹が「茶せんや茶杓も竹でできてるって、おばあちゃんが言ってた」と言えば、「お茶のとき使うねんで」「緑色で飲むお茶やろ、飲んだことあるで」と話が広がる。誠が「お茶飲も。みんなで飲みたい」と言い出し、みんな大賛成した。二学期には、竹製品の茶せん・茶杓を使うため、おまんじゅうを買ってきて、教室で子どもたち全員が自分でお茶をたてて味わった。

3 竹の学びを発表し、竹製品を作る

次に、竹の花があるかないかという話になった。利恵は、「竹の花は、六〇年に一回咲くって、図鑑に書いてあった」と、あくる日報告してくれた。今度は弘明が、「竹の花が咲くと悪いことが起こるって、おじいちゃんが言ってたで」と言う。「本当かな?」と、子どもたちは調べ始めた。するとまたまた利恵が、「花が咲くとその竹は枯れるって書いてた」と報告してくれた。子どもたちは、「悪いこと」とは枯れることなのだ、ということで納得したようだ。

利恵は学者肌で、いろいろ観察したり、調べて来ては、報告してくれたりした。竹がどこに使われ

ているかということに興味を持ち、調べて、「むかしのかべは、土かべでした。竹をくんだ一番下にわらをまぜた土をぬりこみ、その上にしっくいなどをぬって仕上げます」と発表した。

教室にたくさん置いてある絵本や図鑑を使って調べる活動が盛んになってきた。利恵や弘明は、わざわざ家から植物図鑑を持って来ていた。

遠足でも、箕面の滝への道を歩いているとき、駐車場の柵に竹が使われているのを見ては立ち止まり、料理屋の戸口や窓に竹が使われているのを見つけて走って行き、焚き火の跡にころがっていた焦げた竹を拾い……と竹探しをした。

参観日に竹の学習の発表会

これまで自分たちが学習したことを家の人に見てもらいたいということになり、日曜参観の日に竹の学習の発表会をすることになった。ＰＴＡ会長さんにも見てもらいたいということになり、招待状を出した。班ごとに発表するテーマを決め、準備にとりかかった。テーマは班ごとに、「竹でできている物」「竹の子料理」「竹の種類」「竹の成長」「竹の見分け方」「竹の子掘り」と決まった。

さらに、竹を使って箸を作ろうということになった。子どもたちが削り易いようにと、一年目の竹をＰＴＡ会長さんにもらった。しかも「子どもたちに切らせるんだったら竹用のノコギリや道具持って行きますよ」と嬉しい申し出があり、そのご厚意に甘えることにした。

道具の使い方などの説明の後、全員の子どもが竹を切り、小刀で箸作りをした。毎日一時間から二時間削り、三日ほどで削り終え、サンドペーパーで磨いて仕上げた。削るのに夢中になり、竹串のようになったり、二本の箸の長さが違ってしまったり、苦労していたが、やり直しをして頑張っていた。二、三回やり直しをして削るのが速くなった信人は「何回もやり直してたら速く削れるようになったし、うまく削れるようになった」とにこにこしていた。利彦は、「何回もやったら上手になるな」と嬉しそうに言った。どの子も仕上がったときは満足し、とてもいい顔をしていた。その子らしさがあふれる箸が出来た。仕上がった「マイお箸」でラーメンやご飯の給食を食べて、「食べやすかった」「ラーメン、お箸でうまくつかめた」とみんな大喜びだった。

もうすぐお正月だったので、画用紙で箸袋を作り、箸を入れて持ち帰った。お正月に「マイお箸」でおせちを食べた子が何人もいた。

つづいて、学校の隣にある大阪府立老人総合センターとの交流で、お年寄りの方たちに竹とんぼの作り方を教えて頂いた。ろうそくの火であぶって竹を曲げる技を教えてもらい、子どもたちはびっくりしていた。「左利き用の竹とんぼは、曲げ方が反対だった」「竹とんぼにも種類がある」「竹の籠を作るときも火で温めて曲げるんやて」と教えてもらったことに感心していた。自分で作った竹とんぼを飛ばして大満足、一時間たっぷり竹とんぼで遊ぶうちに、みんなうまく飛ばせることができるようになり、いろいろな遊び方を工夫する子もいた。

4 実践

自然とあそぶ子どもたち
――色水あそびから草木染へ

◉東京・青梅市立河辺小学校　中河原　良子

友田小学校は、多摩川がすぐ北側を流れ、屋上からは奥多摩の山々と蛇行して流れる多摩川の広い河川敷や対岸の青梅の町並みが見られ、自然の景観に恵まれたところにある。子どもたちは、休み時間に校庭でクワガタを見つけてきたり、「えさの樹液を校舎の裏の木から取って来る」と跳んで行ったり、「幼虫を見つけた」と手にのせてきたりと、容易に自然にかかわることの出来る環境にある。しかし、このように自然に恵まれた地域ではあるが、子どもの放課後はサッカー、スイミング、ピアノ、剣道、学習塾など習い事で忙しい。親が学校まで迎えに来て習い事に出かける子、学校行事を休む子などがいて、学校とは何かを考えさせられる現代の課題も抱えている。また、三〇〇名弱の児童数の学校に四〇台のパソコンが導入され、全学年授業にとりいれている。クラスでもほとんどの家庭にパソコンがあり、子どもの遊び道具の一つになっている。しかし、私は、地域に出て、この自然に恵まれた地域の特色を生かし、子どもと共に身近な地域の「本物」から、子どもの発達に即した学びを大切につくっていきたいと考えている。そして、よく見たり聞いたり触ったりにおいをかいだり……いろいろな感覚を働かせた活動から、豊かな感性も育てたい。自然や人とのかかわりから、事実認識の眼を育てたいと考えている。また驚いたこと、不思議に思ったことなど子どもの「問い」から学び

をつくっていきたい。手仕事の体験から、ものができあがるまでの手順やおもしろさを知ったり、働く喜びを感じとらせ、意欲的にものごとに取り組む子どもたちに育てたいと考えている。

1 自然との学びの出逢いは、入学式の日から

入学式のあとすぐに私は、「学校では、いろいろなものをよく見たり、触って確かめたり、ふしぎなことを見つけたりすることも大事な勉強ですよ」と話した。そして、「ぺんぺん草は、ナズナと言う名前がついています。このぺんぺん草のハートのところは、なんでしょう?」と問うて、ナズナをおみやげに手渡した。数日して、「お父さんと図鑑で調べたよ。たねが入ってるところだって」、「割ってみたら、みどりいろのたねがはいっていたよ」と子どもたちの反応があった。「ぺんぺん音がなるでしょ」といって私の耳もとでふってみせてくれる子もいて、意欲的にかかわってくれた。その後も、四季折々の草花や珍しいものにひらがなで名前を添えて展示していると、「みたことある!」と言って名前を読んだり、自分でも摘んで来たりする子も出てきた。学年全体でも草花摘みに出かけ、身近な自然にかかわる時間を作るようにした。

一学期にはアサガオの種をまいて、「どんな花が咲くか」予想をたてて観察し続けた。花が咲くと「思っていたとおり!」「きれい」と喜んでいた。そのうちつぼんだ花を大事そうに取ってくる子がいたので、「色水、できるんだよね」と言うと「やりたい!」と言うので、ビニール袋をあげた。さっそく水道場で色水をつくって来るとそれを友達が見て、ほかの子たちも次々と花を摘んできて、色水

づくりがはじまった。いつも外へとびだして遊んでいた男の子たちも「どうやってつくるの」ときいては、濃い色、薄い色とさまざまな色水を作って楽しむようになった。

２　いろいろな草花の色水であそぶ

二学期になって、花や葉っぱやらで色水をつくってくることを宿題にした。すると、ほとんどの子どもたちが、自分の家の庭や周り、散歩道から、おしろいばな・マリーゴールド・コスモス・アサガオ、台所でみつけたあずきや玉ねぎ、その他折り紙からも色水をつくってペットボトルに入れてきた。「おしろいばなをペットボトルに入れてふったらおちゃみたいです。すごくてまたやりたいとおもいました」。一学期に「お父さんとわかれるのがやだ」と言って学校と家の間を行ったり来たりして心配していたＭさんも意欲的にとりくんだ。どの子どもたちも、もみもみ、くちゃくちゃしたら色水が出ることを見つけたり、おいておくと色が変わることに気づき、においをかいでみたりしていた。

「たまねぎでいろみずをつくりました。たまねぎのかわをにて、つくりました。きのう、つくっておいといて、あさおきたら、いろがこくなりました。きのうつくったときは、うすかったのに、あさ、おきたら、いろがこくなっていて、びっくりしました」という発表を聞いて、Ｋさんは「Ｎちゃんのいろみずは、たまねぎのかわでした。ちゃいろのすてきないろでした」と学び、自分も同じ色水づくりをして発表する子もいれば、「クーピーをけずって、かすをふくろにいれて、みずにいれて、いろみずになるかとおもったら、きれいないろにかわってびっくりしました」とクーピーで試してみる子もいた。続々と身近な自然からめずらしいもの、おもしろいものを見つけてきては発表していた。家の人以外との会話がうまくできずにいたSさんが、ノビロを持って発表の順番に並んでいるのを見て、なんとか発表させたいと考えた。いざ発表の番が来ると、Sさんは私が「ノビロかな?」と声かけしても声にならなかった。他の子どもたちから「それたべられるんだよ」、「からいよ」と投げかけがあり、「どこでみつけたの?　家の近く?」と聞くとコクンとうなずいて答え、満足そうに発表を終えた。友だちに支えられて発表の場をクリアできたSさんは、次は花びらで色水をつくって、何を材料にしたか発表し、その次のときは、友達と一緒に色水をつくって発表するようになった。

色水づくりは隣のクラスにも波及して、「先生、うちのクラスの子たちもやりたがっているから、教えて」、「先生の組の子と、おしろいばなの実で白い色水をつくったって発表しているよ」と隣の先生から声がかかった。花や葉だけではなく、実でもつくっているのかと感心して待っていると、

おしろいばなのたねのいろみずは、しろ

つくりかた：くろいいれものをわって、そのまたなかみのはだいろのかわをちょっとむいてから、ぺっとぼとるにいれてふったらできあがり。

小さい紙切れにメモしてペットボトルに貼り、振ってしゃかしゃか音をたてて見せてくれた。

ある日、一人の子が「先生、ごぼうのアクぬきしてたら、ちゃいろのいろみずがでたよ」と朝一番に見せてくれた。匂いをかぐと「ごぼうのにおい!」すると、「においかがせて!」、「わたしにも」、

「ぼくにも」と集まって来て、次々、においをかいでいた。「染め」という仕事は、台所にもある。梅干など食卓の彩りにも草木染めは使われてきたという話から、「ほうれんそうとか、おひたしにすると、みどりいろが出るよ」とBさんが教えてくれた。Cさんは、お母さんと一緒にみかんの皮を小さくちぎって煮たり、にんじんをすって煮たりして色水をつくってきた。「なすのへたをゆでて、そして、さましながらまぜたらできあがりました」とEさんは、へたの茶色を見つけてきた。

色水づくりは、子どもたちが友達と楽しみ、遊びながら見つけ、台所仕事をしながら親子で次々と工夫してつくってきた。そのうち、友達の発表を聞き終わると「いろみずができたら、かみにいろをつけて、いろがみつくりたいな」とNさんが言ってきた。

3　草木染の体験

そこである日、色水で和紙を染めてみた。「ぶどう、おいしそう」「きれいな色！」「くさい！」「○ちゃんの液、やってみようかな」「コーヒー、おとうさんがよくのんでいるよ」などと言いながら、パルプ成分の多い障子紙を、栗渋の液や玉ねぎの煮汁、コーヒー等で折り染めした。紙を開いて、「きれい！」「おもしろいかたち！」と友達と言い合いながら見せっこしていた。干してから、切り紙や折り紙にして遊んだ。

次に布を染めようということになった。初めての草木染なので、まずは私が、なにで、どうやったら木綿の布がきれいに染まるのか家で実験してみた。最初に、Kさんが色水にしてきたマリーゴールドから始めた。きれいな花びらだけをパックに入れて煮て、下処理した木綿布を入れて二〇分煮つめると鮮やかな黄色に染まった。それをミョウバン液に入れて二〇分置き、水で洗うと、はじめ黄色の色水が出ていたのが透明な水になり、染まったことが確認できた。それから、赤のダリア、金時草、紫アサガオなど色鮮やかな植物をみつけると、染めの実験をした。子どもたちに明るいきれいな色になることを知らせたいと思ってやっているうちに、私自身も草木染めが面白くなってきてしまった。

家庭科の先生は、「木綿は下処理しないと染まりにくい。学校でやるなら牛乳がいい。子どもがやるのだから、媒染は安全なミョウバンがいい」と教えてくれた。

友人の染色家は「びわの葉は、きれいなオレンジ色が出る。セイタカアワダチ草もいい色」と教えてくれた。さっそく、クラスでびわの木がありそうなC君の家に電話すると、お父さんが出て「家にはないけど、心当たりに聞いてみる」とのこと。二、三日すると、びわの葉が届いたので虫眼鏡で観察もし、染め液づくりのために大きなたらいを囲んでみんなでチョキチョキ葉を切り刻んだ。休み時間も忘れて黙々と刻む子、楽しそうにおしゃべりしながら刻む子、仕事の分業を仕切る子も出てきて、労働を学ぶってこういうことかなと思った。また、マリーゴールドの花を集めてくるよう頼むと、雨にもかかわらず、お父さん方が地域から集めて届けてくれた。Mさんのお母さんは、玉ねぎ染めをすると言うと「向かいのお家の人が染色家なので」と言ってレシピと生ミョウバンを届けてくれ、染め液づくりも手伝ってくれた。同僚が自分の家のぶどうの実を持ってきてくれたので中味は子どもたちと食べ、皮で染め液をつくった。

冷凍保存しておいたマリーゴールド、子どもたちが持ち寄った玉ねぎの薄皮、教室の前の花壇からみんなで摘んだセイタカアワダチ草、栗の渋皮煮をした時の茹でこぼし汁、この四種の中から子どもが二種選んで、輪ゴムで絞って模様づくりをしておいた木綿布を染めることにした。紙芝居で染めの手順や火傷に注意することを説明し、全員の状態を把握できるようグループ分けしてガス台を配置した。染めの待ち時間に、びっくりしたこと、不思議と思ったことなどをカードに記録させた。したこと、見たこと、匂いなどをふり返って考え、友達と話し合ったり、また見に行って確かめたりして事実をきちんとつかもうとしていた。ミョウバン液に浸している間は、私が、キンモクセイ、びわ、コーヒー、藍などで染めた布を使ってクイズをやり、とても盛りあがった。ある子は次のような感想を書いていた。

しぼりぞめができた

　四じかんめから、かていかしつにいってしぼりぞめをしました。わたしは、ぶどうのえきにいれました。にているときに、においをかいでみたら、ぶどうパンのにおいがなべからしました。わたしは、いいにおいとおもいました。おたすけえき（ミョウバン）につけといたのをみてたら、どんどんむらさきになっていきました。いろがおちちゃうかもしれないとおもってしんぱいしてたら、あらうときに、まだこいむらさきのいろがのこっていました。みずであらったら、せんせいが、「わゴムをとってもいいですよ」といいました。わたしが、わゴムをとってみたら、うすいむらさきで、おはなみたいなもようになってて、きれいだなとおもいました。ようくしぼって、ピンチにほしておいて、みんなのもみたら、みんなのもすんごくきれいでした。

子どもたちは、においをかいでみたり、色が消えちゃうかなと心配したり、どんな模様ができるかと楽しみにしたりしながら、輪ゴムをはずし、「きれい！」「おもってたとおりに模様ができて、うれしい！」「いっぱいもようがあったから、ふしぎ」と素直に感動していた。

C君は、家のお茶の葉や花、つわぶきの葉で色水をつくり、学校でやったように和紙の小片で染めの実験をしてきた。

草木染めに熱心にとりくむ子どもたち。
「どうなっているの？」「わあ、いろがこくなった」

Mさんは、こんどは一人で玉ねぎ染めをしてきた。

子どもたちは、草木染の話から発展して、「ようふくのいろは、どうやってそめるの？」「いとは？」「ようふくのプリントもようはどうやってやるのかな？」「あいぞめは、どうやって？」と、「○○はどうやってできるのか？」ということに興味を持ち始めていた。「ずっといろみずをおいといたら、へんなにおいになりました」とF子が発表すると、「どんなにおい？」「うんこのにおい」「かがせて」と集まってきて、「ほんと！」と確かめ、「くさってきたんだよ」と話し合った。その後、三種類の草木染の木綿の布で「せかいにひとつだけのわたしのふくろ」をお家の人に縫っていただいた。E君のお母さんは、布を渡した次の日には手縫いで仕上げてくれ、Ｇさんのは結びひもにチューリップのかざりをつけてもらい、Ｈさんのは名前をビーズでつけてもらうなど、お家の人が心をこめて縫ってくれたことがわかった。またＩさんは、大きな縫い目だったが、自分で縫ってきて、成長が感じられた。

いろいろな感覚をはたらかせて、意欲的にかかわろうとする子どもたちと共に、たくさんの人の手助けを得て草木染のおもしろさも学ぶことができた。

（この報告は、前任校・友田小学校での実践をまとめたものです）

ナビ1

区切らなくてもまとめなくても近くにあるんだ

◉日本生活教育連盟研究部・慶應義塾大学　藤本　和久

生活科を担当する教師は、まずもって「子どもたちとともにある生活者」でなければならない。そのためには、学校がある地域の自然や人々や歴史におおいなる関心をもつ主体でなければならないだろう。第2章―1の四つの実践において、教師たちは例外なく子どもたちの身の周りにある自然や人々の暮らし、そしてそれらを支えてきた歴史に目を向け、そこに教師なりの「願い」や「思い」を醸成させている。ＰＴＡの会長さん（本郷実践）や友人の染色家（中河原実践）など実に多様な人々と、子どもたちと、そこに勤めている教師である「私」が、リアリティをもって出会える対象が掘り起こされている。

小学校低学年の子どもたちにしてみれば、「算数における学び」、「国語における学び」、「生活科における学び」などが明確に区別されて各時間を過ごし分けているわけではないし、またそうなることが本当に望ましいとも思えない。「どんぐり」（加藤実践）も「ザリガニ」（長江実践）も、「時間割」のような区切りなどとはまるで無関係に連続的な時間のなかで存在し変化（つまり「生活」）しているわけである。また、それらと出会う子どもたちも実にきわめて連続的な時間の中でいろいろなことを吸収しようとしているし、他者にも伝えようとしていることがわかる。生活科は「教科」とされ、その後の総合学習とは教育課程上の位置づけもねらいも評価のあり方も異なってはいるが、両者とも学ぶということの意味をラディカルに他領域に問い返す可能性を有していることは確かだ。

とかく、区切りやまとまりが重視されるだけに相互に越境しにくい日本の教育課程において、生活科から総合学習へ貫かれる「学びの力」は何かといえば、人々や自然の生き物や草木が交錯し合い連続性の中で当たり前のように生きているごとくに、「区切らない」、「切り取らない」で没入する当たり前の姿を失わないようにすることに尽きるのではないだろうか。最初から複数の教科が提示され進行される現状においては、生活科や総合学習が新たな擬似的空間として縁取られて、子どもたちの世界をさらに分割する方向に加担しかねない。生活科での経験が、家庭に持ち帰られ親子・兄弟の会話に再登場するだろうか？　近所の神社・公園での遊びの中に連続していくだろうか？　対象が、友だちが、そして自分自身の興味がそう簡単には「まとめ」させない、そんな拡張していく・連続していく学びのきっかけが、実は遠くの（切り離された）文化遺産を訪ねなくても、身近な生活圏のなかに存在している。四つの実践はそれを強烈に印象づけてくれている。

教師の関心や探究心とは別に、「今どきの子どもたちは…」という子ども観から、大人のノスタルジックな経験を追体験させる動きが各地の学校で起こっている。そこでは、大人にも「解らないことがある」（本郷実践）ことの気づきや、教師の「私自身、わくわくしながら」（長江実践）取り組む姿もないだろう。子どもたちは一時の好奇心を呼び覚まされつつも、その経験が彼らの生活に根を張る確かな学びに結びつきにくく、「学校でやること」に片づけられていく。「生活」科がそのように子どもたちに示されれば、かえって「生活」からの遊離を加速させる矛盾に陥ってしまう。低学年は、彼らがその後の学校での学びを、「他人事」としてとらえさせてしまうのか、「自分事」「仲間事」としてこだわって向き合っていくことにするのかを決定づける繊細な時期である。だからこそ、教師の関心にも嘘があってはならないし、子どもたちの没入体験が保障されなければならないだろう。

1 実践

馬具職人のはなし

◉(元)青森・板柳町立板柳南小学校　山本 ケイ子

▽1 人生の大大大先輩として

異動になって最初に四年生の一組を担任した。六月、町の郷土資料館を見学。昔の民具、農具をはじめ町の歴史を語る展示物がびっしりだった。何でも知っている解説担当の方は七〇代、八〇代で、まさに人生の大大大先輩方。町にはすごいお年寄りがいるね、みんなのおじいちゃん、おばあちゃんもすごいかも知れないよ。町のすごい人やモノを探し学ぼうよ——これが四年生の「総合的な学習」のテーマとなった。聞き取りが始まった。祖父母に対する一面的な見方に変化が見られるようになった。「戦争中おばあちゃんが四年生だった時、なんにも食べるものがなくて、かぼちゃやだいこんのいっぱい入ったごはんのくりかえしでとっても苦しかったそうです」「おばあちゃんは妹をおんぶして学校へいったそうです。妹が泣くと先生がろうかに出なさいということで勉強ができなかったそうです」。あまり関係がないと思っていた「戦争」が自分の家族とつながっていた事実をはじめ、子どもたちは聞き取りでわかったことがたくさんあった。お手玉名人、漬物名人など祖父母の得意技も次々発表された。どなたか人生の大大大先輩として教室でお話ししてくれないかな、ということになった。時間は限られている。子どもの魂を揺さぶるもの、ぴかっと光る素敵なものを求めたい。

2 馬具職人、吉田勝美さん

歴史、文化の上でも豊かな発見ができる魅力的な板柳町。数年前、町の本屋で『聞き書き・シリーズ　板柳を語る』というおもしろい本を発見した。鋸屋、トタン屋、桶屋、畳屋、建具屋が語る職人の人生。現代において失われている大切なものに出会えた。社会の動き、特に戦争に翻弄させられつつも懸命に生きた職人の足跡。どれも深く胸に沁みた。特に心に残ったのが「馬具屋のはなし」で、ご本人執筆の文章の端々に燻し銀のような知的な輝きがあった。これが、吉田勝美さんと私の（書物を通しての）出会いである。

吉田さんは、昭和一九年、一六歳で予科練に志願し、翌年鹿児島の特攻基地で敗戦を迎え帰省する。紆余曲折を経て二代目馬具職人の道を歩み、父親を師として厳しい修行が続く。田畑には牛馬一体の働く姿が見られ、農家からの馬具の需要が多くなった時代。やがて農業の機械化により農耕馬の姿が消え、馬力大会用や観光馬車の馬具を作るようになる。今では、吉田さんのような馬具職人はいなくなり、土佐から土佐犬の横綱用首輪を受注するなど注文は全国的になった。現在はご長男が三代目を継ぎ、時代に合致した新商品を工夫し、「革工房よしだ」として看板を出している。
九月三〇日（日）、家族参観日に、ついに吉田さんが教室に見えた。「今日、みなさんに会えることを楽しみにしていました」「これからの学校は教科のことばかりでなく、町のこと、じいちゃん、ばあちゃんとの話もできるような環境が大切」「昔は兄弟が多く、兄弟がみんな世話しあうという育て方でした」父母と子どもたちを前に馬具職人の話は子どもの頃の暮しから始まる。戦争の話が絡んでくると、平和がどれほど大切なのかが静かな語り口の裏からひしひしと伝わってくるようであった。子どもたちは次のような感想を寄せた。

●馬具作りは一七、八歳ぐらいからやって、四〇歳くらいになったら上手になったそうです。馬具作りはしせいをよくしてあぐらじゃなくて、せいざでやったそうです。馬の体につけるのは全部で四種類くらい。頭につけるのがすごくでかくて、馬の顔は人よりでっかいのでびっくりしました。馬具はどんな形かとわくわくしました。すごいよ、と思いました。
●生まれたのは昭和四年四月一〇日です。小学校一年生くらいに戦争があって、また五年生くらいに戦争があったといっていました。私は「なんでよくそんなに戦争があるんだろう」と残念に思いました。また一五年間も戦争、毎日戦争と聞きました。

埼玉県江南町のホテルが新郎新婦を乗せる馬車のために依頼した馬具が教室に持ち込まれた。豪華な細工に目を見張り、わっと声をあげた子どもたち。「家族が寝静まった夜、一月ほどかけて集中して製作した。馬具作りは人間でいえばその人に合う洋服を作るようなものだから、アラン（馬の名）に会いに行ってから製作した」という。あまりの見事さに思わず私が金額を質問してしまった。馬の顔につける面綱《オモヅナ》と鞍を合わせるとほぼ一〇〇万円ほどとのこと。革製品（商品）、職人用のいろいろな道具、「必勝」の幟を背に予科練に行く時のセピア色の記念写真など自由に触らせてもらい見たりしているうちに、アッという間に参観日の授業は終わった。ほとんどの親から感想が届いた、その中の一つ。「（略）目をきらきらさせて自分のしてきたことを話す大人と会うことができて、ある意味とても良いことだと思います。自分に自信のある大人が少なくなった今の時代、子どもが大きくなることを否定したくなるようなことが多いので今回のことはとても良かったと思います」

3　「革工房よしだ」へ取材

一一月に入り、やっと訪れた天気の良い日に、五つの班が一台ずつデジカメを持って吉田さんのお店へ伺った。学校からのんびり歩いて一五分、店に着くと二六人の子どもたちが店内からあふれんばかりとなった。取材と撮影を開始する。職人は手が命ということ、大事なポイント一つに絞りシャッターを押す、カメラは独占せず班全員が写す、そんなアドバイスをしたのみで後は子どもたちに任せて自由にさせた。店内に入ると、向かって左の棟に商品。バッグや手提げ袋などメーカーから仕入れたものも陳列されている。子どもたちの注目を集めたのは、注文を受けるとその子どもの誕生時の体重と身長を同じにして作るバースデーベアだ。これは、お母さんの担当でおばあちゃんもいろいろ手

デジカメで店内撮影

伝うとのこと。思い出のランドセルを裁断して作る一摑みほどの大きさのミニランドセルも人気商品だという。向かって右の棟が仕事場で、お客さんはどちらの棟にも自由に行き来できる。通路や仕事場の壁、天井には材料の革、製品のベルト、剪定鋏やナイフの鞘などがびっしり。

見学後「仕事場は宝箱」「革工房はゆめいっぱい」と子どもたちが書いている。

私は「すっ、すごーい。こんなにあるなんて初めて知った」と思いました。それから馬具のことを聞きました。そしたら、なんと三〇年か四〇年前の馬のクラがあったんです。それはミシミシいっていました。それに七〇年くらい前のアメリカ製のシンガーミシンがありました。(略)「年代物がたくさんあるなあ。すげえ」と思いました。馬具にさわって目をつむると、自分がそれをつけた馬に乗っているのが目にうかびました。

生き生きしたイラスト入り感想文もさることながら、驚くべきは子どもたちのデジカメ作品だ。アングルがすばらしい。吉田さんに仕事の席についてもらい錐や鏟を持つ手を写している。まさに職人の指、職人の手のクローズアップ。道具箱の中身、天井に吊るしてある材料の革など目の付け所がいい。

吉田さんの手元と道具を写した子どもたちのデジカメ作品

入った時は、わくわくしました。見てみたら犬のつなとかもありました。わすれていけないのが馬具です。馬具は、きらきらの金色のかざりを何個もつけていました。中にはポニー用の「面綱」もありました。上を見てみると、たなの上に革がぎっしりならんでいました。勝美さんがベルトを作っていました。しせいを見るとせなかがまっすぐでした。ぼくは「やっぱりすごいなあ」と思いました。

4　見ようと思ってモノをみること

子どもたちは「革工房よしだ」の存在をたいてい知ってはいたし、親と一緒に店を覗いたことがある子もいた。しかし、教室で馬具職人の生き方に触れ、デジカメを手に出かけてみるとそこは驚きと発見の場所、初めての世界となった。興味と感動の空間。本当にモノを見るということはこういうことか。モノの奥にある本質に目を向ける見方。子どもたちは探検する、取材するという意識を持って出かけ、興味を持ちつつ鋭く深くモノを見ることが出来た。見ようと思ってモノを見ることによって得られる喜び。大きな宝箱の中で子どもたちは時間を忘れるほど質問や撮影に夢中になった。後日、子どもたち撮影の写真に対して吉田さんから礼状が届いた。「(略) 学習を通して子どもたちとの触れ合いが出来ましたことに感謝しております。とても幸せでした」

「職人さんはいつも最高のものを求めて物作りをしていてすごいと思いました」。これは家庭通信に載せたH男の言葉である。これを学校長が筆でしたためお礼の色紙としたのを吉田さんは喜んで受け取られた。「昔、どんな馬の馬具の注文があったんですか?」色紙を持参した時、N子が質問した。吉田さんは、馬を使っての具体的な田おこしの様子をまず説明。次に山から切り出した木を運ぶ馬、乗り合い馬車、花嫁さんの馬などの説明。それらの役目が現代では何にとって代わられてしまったかに及ぶ運輸や農業の歴史を、生活と結びつけて考えさせる職人の話が続いた。「(略) 心に残る見学でした。五年生、六年生、中学校となってもこのことは忘れないと思います。勝美さんこれからも馬具職人としてがんばってください」。ホンモノに触れ、わくわくドキドキし、心の中にいろんな広がりを持つことができた。家族や町の歴史、生活をとらえる窓口ともなった学習であった。

2
実践

子どもの中で広がる総合学習
――六年生「在校生に残す一冊本」の取り組みから

◉東京・私立和光鶴川小学校　和田　仁

1　卒業生のお母さんから届いたメール

六年生が卒業してから数日。学校に一通の長いメールが届いた。卒業生、M君のお母さんからのものだった。六年間、親子で充実した時間を過ごすことができたということと、六年生最後の総合学習「在校生に残す一冊本」に取り組むわが子の様子から〝実感のある学び〟について感じたことが書かれてあった。

……先日の緑陰小話（学校通信）に「勉強って楽しい」ということが書かれていましたが、本当に学びたいことなら、勉強と遊びは境界線がない（別物ではない）ものなのですね。一冊本への息子の取り組みを見ながらそう思いました。私は、学生時代、多くの参考文献を読んで抜き出したりまとめたりする手法が「調べ学習」ということだと思っていました。長年、勉強とは頭を使うものだと思っていました。しかし、真の勉強とは、五感や六感を使ってさまざまなことを感じることなのだと、一冊本の取材に付き合ううちに、ようやくそのことが「私自身の実感として（笑）」わかりました。だからあんなにも鶴小では「実感のある学び」を大切にしていたのかと！　息子の選んだテーマは「コンビニ」でしたが、最初は「このコンビニの〇〇はおいしい」「このコンビニの〇〇は量が少ない」という胃袋系の感覚が働いていましたが、そのうちに「何でこのお店にはATMが五台もあるのだろう」などの疑問がわいてきて「いろいろなお店にインタビューしてみたい」という欲求が出てきました。そうしていろいろなお店にインタビューするごとに、いろんなことを感じ、新たな疑問がわいて、今度は本部に取材したいと思うようになったり、間もなく閉店するコンビニに出合ったり、取材に行く道を間違えたら二四時間スーパーとセブンイレブンが向かいに建っているのを発見して、両者の競合に興味を持ったり……と坂道を転げる雪だるまのように、意図したわけではないのに、行動していくうちにはずみがついて、興味が展開・発展していって、止まらなくなっていきました（それであの巨大本になってしまったのです）。最後の方には「あー海外のコンビニ事情も取材したいなー。韓国なら日帰りできるし。もっと時間があればなー」などと言い出していました。自分のやりたいことを追求するという意味では、一冊本もベーゴマ（これも一時非常に凝ったのですが）も一緒で、息子の中ではどこまでが勉強でどこからが遊びというような境はなかったように思います。……

▽2　六年生最後の総合学習「在校生に残す一冊本」

和光鶴川小学校の六年生は、三学期に最後の総合学習として「在校生に残す一冊本」に取り組む。一人一人が「テーマを決め」「中身を作り」「製本する」。しかし、一人まかせでこの学習はすすめられるわけではない。学級のみんなの力をかりる場面がたくさんある。テーマ決めでは、「この人にはこの本を書いてほしい」とその子を知るみんなからリクエストが書かれたり、中身作りでは、そのテーマで本を書くとどんな目次・内容になるのか、また、どうやって調べようとしているのかが検討されたり、ある程度進んだところで「中間報告新聞」を書き、つけたしてほしいこと、調べてほしいことをお互いに要求しあう。その中で、テーマを考え直したり、中身が広がったり、自分の仕事に見通しをもつことができる。

在校生に残すことを意識しながら、自分にとって学んだねうちが残る本にしようと投げかける中で、様々なテーマが選ばれた。五年生の総合学習「食」で「砂糖」をやったことから「アイスクリーム」を調べようとする子、中越地震・スマトラ沖地震の被害と自分自身の防災意識を考える子、これまでに家族で登った登山の体験をまとめる子、自分の興味のある「演劇」について調べる子、さらに将来やってみたい仕事として「図書館」「アニマルトレーナー」をテーマにした子など、テーマ選びの視点にその子らしさが出ていて面白い。

Sさんがこんな生活ノートを書いてきた。

今、クラスで自分のテーマでの内容の発表&意見交換しているけど、みんな自分らしいテーマですごくいいと思う。話は変わるけど、みんなが書いてくれたアドバイスがとても役に立った。全部のアドバイスを一つ一つ読んだけど「なるほど」と思うものばかりだった。一冊本作りの助けとなりそう。演劇博物館、明日に行く予定です。HPで調べてコピーしてもらったものを読んだけど、(実際に行くと)かなりくわしいことが調べられそうな気がする。

どこに行けばその道の人に話が聞けるのか、自分で当たりをつけ、調べ、教師やみんなからの情報をもとにそれぞれが独自の動きを作っていった。

3 M君の一冊本「コンビニ」

M君は、「コンビニ」を一冊本のテーマに選んだ。五年生の社会科でやって、自分もよく利用することから、もっと調べてみたくなったのだ。卒業生の父母でコンビニを経営している人のことを聞きつけると、早速手紙を書き、インタビューだけでなく一日仕事をさせてもらうことができるか自分で当たるところから本作りがはじまった。その手紙には、自己紹介、調べたい理由、やりたいこと、そして行きたい日まできちんと書かれてあった。

幸い、M君の依頼は快く了承してもらうことができた。「仕事体験」の当日、M君の様子を見に行くと、ローソンの制服を着ていろんなことを体験させてもらっていた。品出し、検品、レジ打ち、そ

M君が自分で実現させた「コンビニ１日仕事体験」

してインタビュー。質問項目は三七個もあった。なぜコンビニをやろうと思ったのか、今と昔のコンビニの違い、お店で一番売れている商品、他のコンビニの商品でライバルだと思うもの、売上を伸ばすための工夫、季節によって売れるもの、天気によって売れるもの、売り場面積、商品の種類、商品の中で好きなもの、大変なこと、うれしかったこと、一日にくるお客さんの数、どうしてここにお店を出したのか……などなど。

　できあがった本を見ておどろいた。とにかく厚い。全部で一七軒のコンビニにインタビューに出かけていた。どのコンビニにも同じ質問をし、足を運んだ一軒一軒のお店の答え、お店の印象、わかったこと・感想、疑問に思ったことがていねいに書かれていた。一つ一つ見ていくと、最初に「店長さんにとって、コンビニとは何か？」がまとめて書かれてあ

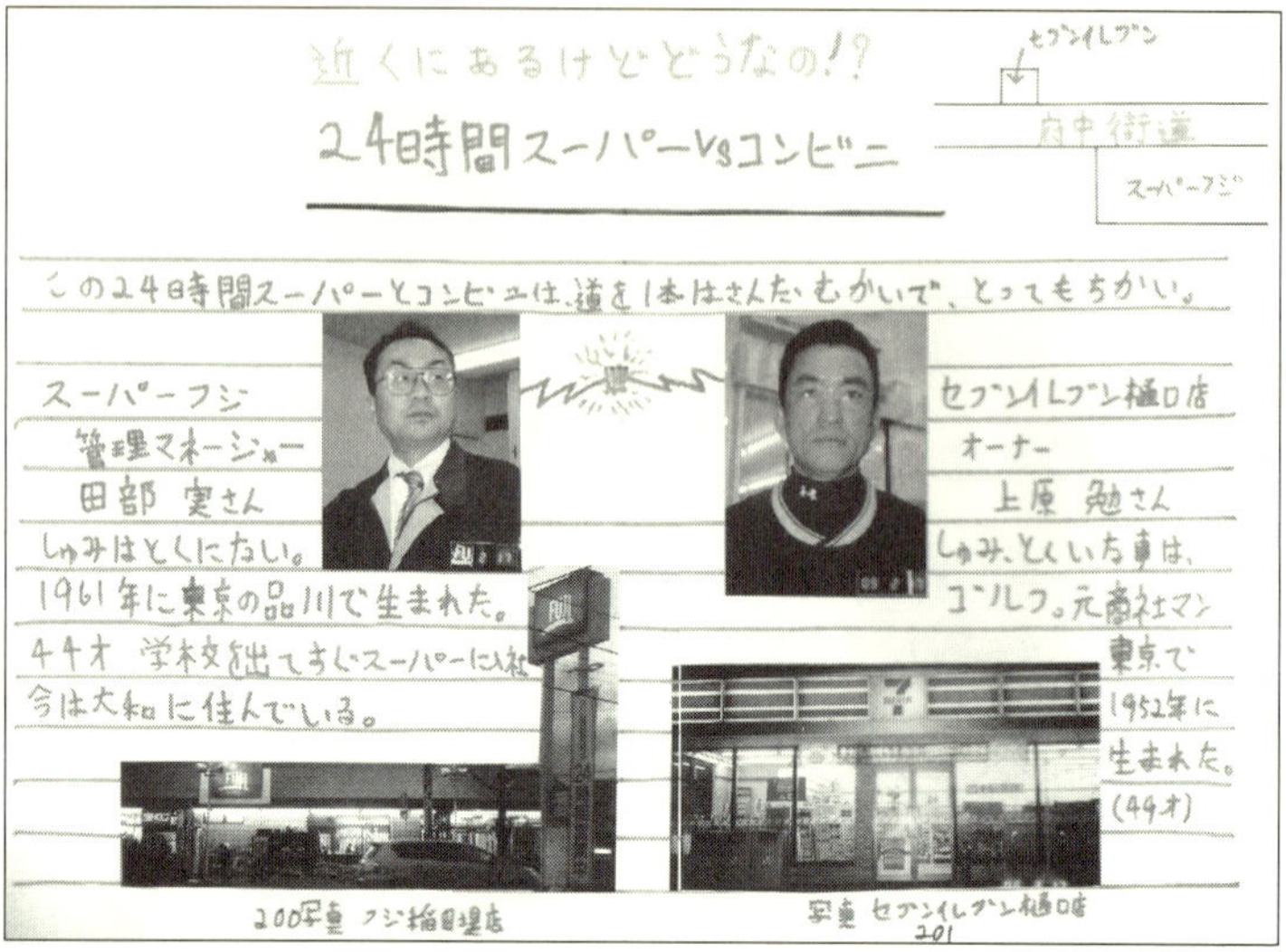
近くにあるけどどうなの!?
24時間スーパーvsコンビニ
セブンイレブン
府中街道
スーパーフジ
この24時間スーパーとコンビニは、道を1本はさんだむかいで、とってもちかい。
スーパーフジ
管理マネージャー
田部 実さん
しゅみはとくにない。
1961年に東京の品川で生まれた。
44才 学校を出てすぐスーパーに入社
今は大和に住んでいる。
セブンイレブン樋口店
オーナー
上原 勉さん
しゅみ、とくいな事は、
ゴルフ。元商社マン
東京で
1952年に
生まれた。
(44才)

24時間スーパーとコンビニ、両者の競合に興味が広がる

る。「いろんな商品があるお店」「みんなが便利なところ」「生活するすべ」「自分を表現する場」「自分の人生そのもの」……一人ひとりの店長さんの答えの違いが面白い。

そして、「インタビューをしてわかったこと」にはこう書かれてある。「お店のオーナーさんの性格が品物の置き方や店員さんの愛想とかお店全体の感じとかに出ている。『いつまでもいたいな』と思えるお店と『できるだけ早く出たいな』と思うお店とかいろいろある」。ただ品物が違うということだけでなく、何軒も出かけ、質問する中で、それぞれ店長さんから感じたことを総括して書いている感覚がすごいと思った。

次に「めずらしいコンビニ」というコーナーもある。病院にあるコンビニでは、車椅子の人に届くように棚が低かったり、入院生活で必要なものが売られていることに気がついたり、自

然食派のコンビニがオフィス街に集中しているのはなぜかと疑問に思ったり、オートマチックコンビニ（全部自動販売機）、ＡＴＭが五台もあるコンビニ、本のたくさんおいてあるコンビニ、それぞれどうしてそんなコンビニがあるのか考えている。

さらに「なくなっていくコンビニ」「できてくるコンビニ」を見つけ、新しいコンビニが近くにできると、もともとあったコンビニのお客への対応が変わる様子を感じたり、「二四時間スーパーＶＳコンビニ」として、徹底的にどっちがいいのか検証し、経営する側と利用する側の両方からその違いを探そうとしたりしている。

最後に各チェーンの本部に出した質問をまとめて、「おわりに」としてこう書いてあった。「ぼくは、この本は、六年間のまとめの本だと言っていいと思う。なぜかと言うと、六年間で習ってきたこと全てがためされると思っているからだ。だから、ぼくは満足のいく本にしようと思ってがんばって調査をして、がんばって本を書いた」。

自分の足で出かけ、直接話をし、比較し、予想し、確かめ、そして新しい疑問が浮かび、また調べたくなることが出てくる。お母さんの「坂道を転げる雪だるまのように……」という言葉が、この本の一つ一つの区切りにあるＭ君のまとめの言葉の広がり、コンビニをつかむアンテナの広がりでよくわかった。

4 子どもの「問い」がまわりだす総合学習を

今、「学力論争」の中で総合学習が槍玉にあげられている。子どもたちの「学びからの逃避」の原因を探ることなく、低学力をまねいたとして、文科省を中心に筋違いの総合学習批判が言われている。

総合学習をやる中で、子どもの中で「問い」がまわりだし、物の本質を自分からつかもうとする子どもの姿をたくさん見てきた。総合学習は、一人一人の興味や関心に依拠した学習が展開できる学びである。自分でやってみて、いろんな人の話を聞き、それを自分なりにとらえ返し、ものの見方をどんどんひろげていく。満足そうにできあがった本を見せに来たM君の「どうだ!」という顔が、学びに向かいきった充実感、達成感を表わしていた。子どもが学びの主体者になれる総合学習があるからこそ、こういう顔をたくさん見ることができるのだと思う。

3
実践

水田作りからの総合学習
——地域の明るさを見出した子どもたち

◉北海道・芦別市立芦別小学校　村越　含博

1　子どもたちにつかませたいもの

本校では毎年、「米」での総合的な学習を行っていた。農家を営むＰＴＡの方の水田を借り、田植えと稲刈り体験。その間の、米に関する個別課題の一般的な調べ学習とバケツ稲……といった学習である。しかし、私は少し違う展開で米の総合学習を創っていこうと考えた。

❶水田を作り、稲を育てていく中で生まれてくる問題を、解決しながら進んでいく。これが学びの原動力となる。

❷育てていく過程を追体験することで、農業と、自分たちの米作りに、差が生まれてくる。その差を次の学びの入り口にしたい。

❸学ぶ対象が目の前にあることで、より積極的に、実際的に学習を進めることを経験する。

❹食べ物を一から作る工程を体験することで、自分たちが毎日口にしているものがどうやって生まれているのかを体を通して理解する。

このような視点をもち、学習を計画した。

業務主事と教頭先生に「今年は田んぼを作りたい！」と打ち明け、いろいろ画策し、紆余曲折を経て方向が決まったのは五月のはじめであった。①学校の畑の学年割り当てを広めに取り、そこに水田を作る。②ビニールハウスのビニールを敷いて、水をためる。③水は水道水を使う。④二クラス六六人なので、縦七メートル×横六メートルを二つに分け、それぞれ第一・第二水田とする……という現実味のある方向性が決まって、いよいよ田んぼ作りということになった。

さらに、芦別の稲作農家で、減農薬・無農薬の米作りに取り組んでいる山本英幸さんにもこの学習に携わってもらった。山本さんは京都の生協にお米を卸していて、米アレルギーの人のための「ゆきひかり」を作っている。私は、協力をしてくれる人の思いと教師の思いを総合の中にほうりこんで、授業を一緒につくろうと考えた。

◆水田作りから代かき・田植え

水田造成作業がスタートした。作業を「土掘り・運びだし・石とり」に分け、班ごとのローテーションで行った。子どもたちは思っていたよりも作業を楽しんでおり、額に汗をかきながら働いていた。ふだんは何もしない子も生き生きと活動していたのが見ていても面白いものであった。結局田植えのできる水田になったのは、約三週間後。そうしてようやく田植作業の日を迎えた。ここで山本さんに学校に来てもらった。植えた苗は「きらら三九七」。一人一〇株ずつ植えることができ、さらにバケツ稲も植えた。代かきのときもそうであったが、子どもたちはこの泥の感触を心から楽しんでいた。

稲を植えてからは、毎日の日直の仕事として、「今日の水田データ」を書いてもらった。また、観察や世話をした時に全員が書く観察記録「水田日記」も用意し、この二種類を基本にして観察を続けた。その際「水田データ」では、定規で水深や稲の長さ、葉の数を数えることと、変化や気づいたことを書くこと、「水田日記」では「全体だけでなく、小さいものを大きく書く」ことを心がけるようにした。

◆育てるための調べ学習と観察・稲刈り

夏休みを二週間後に控えた七月九日、今後夏休みをはさんでどのように稲が育ち、自分たちがどんな世話をしていく必要があるかを予想した。その予想を課題の切り口として、課題別の調べ学習に入った。その中で、①バケツ稲は一五リットル以上の大きさのバケツを使うと根が広がってよいこと、②消化不良がおこるといもち病になる、③雑草がないので虫の心配はない、④スズメよけを作る必要がある、⑤落水をする、といった自分たちの米作りと深く関わる調査結果が発表され、二学期の米作りの方向性を決めていった。夏休み中にはいもち病予防に木酢液をつかって稲を消毒し、スズメよけネットも設置した。いずれも都合のつく子どもたちが二〇人ほど集まっての作業となった。スズメよけを設置した日、水田に新たな仲間――子どもが自由研究で作ったかかし――がやってきた。

また、作業日の他に、夏休みの宿題として、夏休み中に来られる日三日間を選んで「水田日記」を書いてもらうようにした。夏休み明けの総合の授業で集めた結果、二六日間全ての記録がもれなく集まったので、「水田日記」を日付ごとに長い紙に貼り付けて「夏休みの水田絵巻」を作成し、それを廊下に貼り出した。約三〇メートルの絵巻は圧巻であった。時系列に並べられたこの絵巻を使って、①穂が出た時期、②花がたくさん咲いた時期、③スズメに食べられた時期、④穂が垂れ始めた時期をそこから読みとり、夏休みの稲の成長を確認することができた。

◆台風と稲刈り

稲刈りに先行して九月八日、協力してもらっている山本さんの水田を訪問した。訪問の大きな目的は、「稲刈りした後の稲をどうやって米にしていくか」を確かめるためである。そしてせっかく行くのだからと、様々な質問を子どもたちが用意して伺った。山本さんの水田で学んできたことで、自分たちの米作りが、農家のそれとはレベルや出来具合も含めて違うということを知ることができた。

九月九日にやってきた台風一八号により、稲の倒伏・脱粒が、芦別の農家と同様、芦小水田にも見られた。つぎの日、子どもたちが見たものは、変わり果てた稲の姿だった。見る目にわかる子どもたちの落胆した様子。稲を立てることで、稲刈りまでもたせることにした。

稲刈りは九月一六日、参観日に設定した。稲刈り班・しばり班・はさがけ班に分けて、ローテーションで全ての作業を全員で行った。この参観日の稲刈りと、学習総合発表会で子どもたちの自作台本で演じた米作りの劇によって、保護者たちにも「今年の米の総合はすごくおもしろい」という印象をもってもらうことができた。

2 米を通して先人の苦労と知恵に触れる

一一月一〇日、いよいよ脱穀・籾摺りの日となった。一升瓶と割り箸、あるいは手で脱穀をし、ついたりすり鉢で籾摺りをしたりするという手法を事前に調べてあったので、この日はそれを実際に行うことにした。一二班に分かれて、手や割り箸で脱穀し、一升瓶でついて籾摺りをする作業を一時間半ほど行った。思ったより手作業を楽しみ、根気よく続けている子どもたちだったが、なかなか籾摺りができない状況に疲れも見え始めた。

そこで、「農作業の機械化」を体験すべく、脱穀機と籾摺り機を登場させ、一気に作業を進めた。一時間半の作業が五分で済む現実。機械のすばらしさに一同あ然とした。ところが、機械化を嫌がり手作業にこだわる子どもの意外に多いこと!!「ここまで手作業なのだから…」と、機械に一切頼らず、教室に戻っても根気よく続けていたのであった。

午後からは農協の大谷光男さんに来てもらい、米の等級付けをしてもらった（大谷さんは我がクラスのＰＴＡ）。結果は見事一等米！　であった。

もみすり

だっこくをした後、もみすりをした。一回目は二〇分ぐらいかかったけど、二、三回目は、一〇分から五分でおわった。もみをとる時、力を入れないとできなかった。もみをとりやすくする時、手にささっていたかった。五時間目に、何等米かはかってもらったら、な、な、な、なんと、一等米だった。ちょっとびっくりした。全部で一五・三kgだった。四千五百五十七円でうれるらしい。一人あたり六八円……とても食べていけない……。けど、うれしかった。(李絵)

手作業による脱穀と籾摺りも終わり、家庭用精米機で精米の後、一一月三〇日に、山本さん夫妻を招いて収穫祭を行った。そこでの企画として、米は米として食べながら、副食に「芦別で採れた作物」で豚汁を用意することとした。(芦別産ではない肉は除いて)ちょっとした地産地消の会となった。

さらに一二月九日の参観日には、残った稲わらと農家の稲わらをもらってきてしめ縄リース作りを行い、「余すところなく使える稲」ということも体験的に学んだ。

3 芦別の稲作を見つめ、地域の力を見出す

一通りの体験学習を終えた三学期は、総合学習のまとめとして、芦別において「稲作」とはどんな位置づけをされているのかをとらえる学習を設定した。「稲作」の現状や「米」というものにこれからどう関わっていくのかを、考えてほしかったからである。

そこでまずは、米の生産・消費の減少、世界貿易機関(WTO)と輸入の関係、輸入米の一部を支援米として海外に送っていること、食文化の変化で消費が減ったこと、生産調整のことなど、資料を提示し、一般的に言われている「農業の危機」について学んでいった。

お米はいっぱい十分あるのに、決まった量は、輸入しないといけないんだね。あとお米を作る量も決まっている。お米の自給率は約九五％。多いな。世の中厳しい。（真弓）

この学習の中で子どもたちは、稲作を取り巻く社会の状況にとまどいを感じ始めた。自分たちがやってきたことが、実はどんどん衰退しているのだという事実に対して、自分自身の体験があるだけに切実な意見を持った子も多くみられた。

とはいえ、ここで終わってしまっては、暗いものだけをもたらす結果になってしまう。大事なことはこういった厳しい状況の中でも活路を見出そうという取り組みが身近な地域で行われているということを見ることだ。将来の地域の担い手である子どもたちが「芦別」を改めて捉えなおし、価値を見出すこと、それが、この地域で米作りを学ぶ最大の目的ともいえるのである。

そこで第二部として、日本全体の水田面積が減少しているのに、芦別の面積は何とか横ばいを保っているということ、作付面積も年々増えつづけているということ、若年の農業就農人口が増え始めており、芦別市もそういった取り組みを行政レベルで始めているという事実を学習していった。水田面積が減っていないという事実には、子どもたちも驚いた。そして、最後の授業で山木さんから自分の米作りの取り組みについての話をしてもらうことになった。

●芦別はすごい農業をがんばっていることがわかった。見直した。もっといろんな人にお米を食べてもらいたい。《芦別は　小さいけれど　大きいよ》（麻衣）

●アレルギーを持った人が米を食べたら死んじゃうのに、山本さんの米（ゆきひかり）を食べてからいろいろなものを食べられるようになったのがすごいと思った。（三也）
●米作りをしていると感動的なことやうれしいことがいろいろあるんだな。お米が取れたときはすごくうれしかった。これから米をつくる人がもっと増えたらいいなと思った。（あさみ）

最後の授業で、沙樹が山本さんに「山本さんの元気の源は何ですか?」という質問をした。山本さんは「今年、五年生と一緒にお米を作ったことは元気が出ました。米について伝えていけることが元気の源です」と答えてくれた。この一言に、子どもたちも山本さんも、お家の人も、そしてもちろん教師も、「共に学びあう」ことを感じることができ、この学習を進めてきてよかったと思うことができた。

ナビ２

学校づくりのどこかで《本物とも人とも》見通しをもって出会う

◉日本生活教育連盟研究部・杉並区立久我山小学校　中妻　雅彦

教師は、子どもたちに本当の体験をしてほしい、学習する価値のある本物と出会ってほしいと願っている。教育実践での「であい」は「出会い」とする。なぜなら、本物とのであいは、人との出会いによるからだ。第2章－2の実践に共通しているのは、「人」との出会いを軸としている点である。村越実践の山本英幸さん、山本実践の吉田勝美さんは、実践記録からもよくわかる「本物」の仕事をする「人」である。

和田実践では、卒業する子どもたちが、自分の学びの真価を込めた一冊の本づくりに取り組む。もちろん、本づくりの過程の中で、さまざまな「人」との出会いがあったことはM君の記録から感じることができるが、この実践での「人」は、自分の作った本を読んでくれる在校生でもあろう。「本物」と出会い、自主的な学習を進めるためには、「人」を意識した学習が組まれる必要がある。

三人の実践は、大きく二つのタイプに分けることができる。村越さんと山本さんの実践は、仕事、技術、生き方などに学習する価値が見出される専門家との出会いを中心とした学びである。出会った「人」を丸ごと学びの対象として、仕事の専門性、その人の生き方まで学ぼうとする学習意欲を子どもたちが広げていく実践となっている。このように専門家との出会いを軸とした学習は、総合学習の実践としてたくさん報告されている。しかし現在、「開かれた学校」を題目にして「ゲストティーチャー」を来校させることが目的化され、学習する価値を問うことがないケースも報告されている。「専門家はどのような人がいいのか」「だれとどんな形で出会わせるのか」と、教師が学ぶ価値のある「教材」となる本物の「人」を選ぶことが必要である。それが、学習を構想し、進行する教師の力量の中心課題となる。この学習タイプでは、「教材」の選択、開発の視点が、教師の専門性の一つとして要求されよう。

和田実践は、前二者のように子どもたちと専門家の出会いによって学習を進めた実践ではない。六年間の小学校における学習の集大成を一冊の本として残そうとする、子どもたちの学校への思いが学習を進める原動力となっている。それは、自分のつくった「本」を読んでくれるであろう五年生以下の子どもたちへ、自分の学校のおもしろさ、学習の楽しさを伝えようとする思いである。学校での学習、生活に誇りを持ち、それを何らかの形で残そうとする子どもたちの姿を通して、学校づくりの大切さを学ぶことができる。ここでは、学校をつくる教育課程全体を視野に入れ、教科学習や総合学習を構成する教師の専門性が課題となる。

以上をまとめると次のようになろう。子どもが意欲的に学習し、その成果を意味あるものとして表現するためには、教師には二つの視点が必要となる。一つは、学習に見通しを持ち、教材を選択し、「本物との出会い」をつくることのできるものの見方である。二つ目は、学校づくりの視点である。子どもの学習を意味あるものとして、学校に位置づけ、学習を継承する視点である。どちらに比重があるのかは、地域や学校の条件によって違うが、どちらが欠けても、生活教育として十分であるとは言えない。二つの視点をあわせもった教師の力量が問われている。

3 「問う」ことで拓く「学びの道」

1 実践

クマを守れ！
――クマ騒動を追って

◉石川・能美市立辰口中央小学校　北川　茂

▽1 クマ出現！

「クマが学校周辺に出没しているようです。休み時間に運動場に出て遊ばないで下さい。帰りは、集団下校をします」。一〇月のある日、突然学校の緊急放送がそう報じた。石川県の平野部の中心にある粟生の地に山からクマが下りてきたのは前代未聞のことであった。

本当の総合学習は、子どもの興味関心に結びつく対象をタイムリーに追うところから生まれると考える。集団下校を長期にわたって強要され、子どもの生活にもかなりの影響があったこの「クマ騒動」を取り上げないわけにはいかないと私は考えた。以下は、二〇〇四年度、私の前任校の能美市立粟生小学校の三年生二クラス五〇人が合同で、全国的に話題になった「クマ騒動」を三学期いっぱいを使って追った実践である。

一月のはじめ、子どもたちに、クマが粟生に下りてきたことは今までになかったこと、クマのことがみんなの生活にも集団下校などでとても影響があったことなどを話した。そこで、「クマ騒動について考えてみないか」と呼びかけると「やってみたい！」という元気な声が返ってきた。その後、クマについて知っていることを出し合うと、しっぽのこと、耳のこと、えさのこと、歩き方のことなど、あいまいなことばかりだとわかった。そこで、クマについて知りたいことを出し合い、プリントにまとめ、次の時間にインターネットや図鑑を使って調べてみようと呼びかけた。次回の報告会では、石川県にはツキノワグマが住んでおり、食べ物はほとんどがどんぐりだが雑食で、穏やかで自分からは人間に危害を加えないなど、今までの知識をくつがえす情報がたくさん出された。

2 なんでクマは山から下りてきたのだろう

クマ騒動で疑問に思ったことはないかと問うと、「なんでクマは山から下りてきたのだろう」という大きな問題点が出された。ではそれをどうやって調べたらいいかと問うと、「人に聞く」という提案が出された。どんな人に聞くといいかを尋ねると、クマ騒動のとき役場の人が見回りしていたという話、猟友会の人が集団下校の時鉄砲を持って走っていたという話、動物園の人が詳しいんじゃないかという話が出た。そこで、電話でお願いすると、寺井町役場農政課のクマ騒動担当の今出さんが、学校に話をしに来て下さることになった。

今出さんは、寺井町でのクマ騒動の動きの正確な資料を三年生用に作ってきて下さり、それをもとにクマが見つかった時の動きなどをわかりやすく話してくれた。下りてきた理由として、奥山と里山の状況についての話もしていただいた。学習の後には必ず分かったことなどを書き合い、学年便りにまとめて読み合った。「寺井町役場のみなさんやわたしたちも大変だけど、『クマも大変だな』と思いました（Ｓ・Ａ）」

次は、今出さんから紹介してもらった猟友会の助田さんに話を聞くことになった。散弾銃の玉を持ってきて見せて下さり、猟についての話、えさがなくなって下りてきたこと、栗生のクマは鳥越あたりの山から丘陵地を夜のうちにつたって下りてきたこと、昨年は石川県で一六〇頭以上も鉄砲で撃たれて駆除されたこと、檻につかまっているクマを撃ちたいとは誰も思っていないこと、今年のシーズンはクマ猟が禁止だったことなどを話していただいた。子どもたちは具体的な話に目を輝かせていた。「なぜクマを獲るのか」と疑問を持つ子もいたが、「食べるために獲る」という言葉に納得させられて、それ以上つっこむ子はいなかった。

子どもの保護者の中にクマを発見し通報した人がいたので、子どもがその時の様子を母親に聞き取りして、子どもを危険から守りたいという母親の思いも含めて報告した。

今出さんと助田さんの話を聞いて、また、家の人と話をして、それぞれ自分なりに考えた「クマが山から栗生まで下りてきたわけ」を話し合った。活発な意見交換がなされ「人間が原因を作っていること」などが確認された。読書好きで物知りのＳ君から地球温暖化の話も出され、視野が広がった。その後、地球温暖化についても自分で調べて報告されるようになった。また、「クマが保護されて山に増えすぎているからではないか」という意見も出たので、白山自然保護センターの林さんを紹介し、ファックスで尋ねてみることにした。その後、「増えているのではなく、絶滅に近い生息数であること」という林さんからの回答を知らせた。

次に、「町に下りてきたクマを捕まえて、銃で撃つこと」についてどう考えるかを話し合った。「捕まえたら動物園で保護してほしい」とか、「奥山に逃がしてほしい」など、いろいろな意見が出た。その中で、野生で生きていくことと動物園の中で生きていくことの違いも考えることができた。また、奥山を持つ地域の人の理解が得られなくて放獣できなかった経緯や、「なぜ捕まえるのか」を地域の人たちの思いも含めて多角的に考えた。子どもたちは、大人以上に「命を大切にしてほしい」という純粋な思いが強く、はじめは全員が「クマを撃つこと」に反対の立場で話をしていた。だが、話し合いの後「しかたがない」という子も五分の一ほどに増えた。

学習が終わった後、振り返ると、多角的な視点を持たせるということは大切であるが、「仕方がない」と考えるように進めたことについて、果たしてそれでよかったのかと悩んだ。何を子どもに伝えたいのかという視点が大切なのではないか――教師側の学習の足りなさを感じた。

3 「クマが悪いんじゃない。クマを守ろう！」に変わってくる

二月後半に開かれる「六年生を送る会」での三年生の出し物は、子どもの意見により「クマから守ってくれた六年生」というテーマでの劇を行うことになった。「六年生を送る会」なのでこのテーマになったが、劇の練習に取り組んでいくうちに、クマに対する見方がどんどん変化していった。子ど

もの意見を中心に作ったシナリオには、劇の終盤に、「粟生に出たクマがまだ捕まっていない」というナレーションがあった。そのことについて、私が「みんなは、早く捕まえてくださいと伝えたいの？」と聞くと「逃げて無事に山で暮らしていてほしい」という。みんなで調べた「クマが置かれている状況」についても知らせていきたいという。そこで、みんなで考えて、「クマは減ってきています。絶滅しないように、クマも安心して暮らせるように、みんなで考えていきましょう」という言葉をつけ加えることにした。実は、その時、一つのドラマがあった。おとなしく普段ほとんどしゃべらないRさん。でも、Rさんはいろんなことを多角的に考えており、毎回の授業の感想も鋭いものばかりであった。感想をお便りの形で紹介する中で、周りの子のRさんへの見方も変わって、少しずつRさんも授業で発言するまでになっていた。全校生徒の前で「みんなで考えていきましょう」と呼びかける担当を決める時、Rさんは自ら立候補し、その役目を果たした。Rさんにとってこの学習は、「伝えたくなるもの」を感じる内容の学習だったと言える。

さらにその後、いしかわ動物園の獣医の堂前さんにもお話をうかがった。堂前さんは、クマを山へ放した時のスライドやクマの生態のプリント、動物園に保護されている動物のスライド、釣り針をのみこんでしまった鳥のレントゲン写真など、専門家でしか手に入らない資料を使いながら、クマや他の野生動物と共生することの難しさ、共生するためには人間のよく考えた行動が大切なことなどをわかりやすく話して下さった。子どもたちから「動物園でクマを保護できないのですか」という質問があり、それに答える形で、山から下りてきたクマの保護を動物園ですることは難しいことや、下りてきてしまったクマを山に戻す難しさもお話していただいた。そして、クマが山から下りてこなくてもいいように、山にえさが豊富になるようにすることが大切だと訴えた。

私が、今度はクマを保護しようと活動している人に出会いたいと思っていると、職場の同僚から、「熊森会石川県支部発足集会」のビラと講演カセットを貸してもらうことができた。さっそく講演カセットを聴いてみると、その会長は、兵庫県の中学校の理科教師であった。熊森会は、生徒による新聞を使った自主勉強ノートからスタートし、中学生が動くことで出来上がった保護団体であった。石川県の代表者に連絡をとり、二月下旬に開催される石川県支部発足集会に足を運び自分の目で確かめることにした。集会では、直接会長の話を聞くことができ、自分の目で見て確かめたことをもとに人々に訴えかけている姿勢に感銘した。ぜひ、この会でがんばっている人と子どもたちを出会わせたいと考えた。

この実践の中で足りないものは、子どもたちが自分で動いて調べ、まとめ、アピールすることだと考えた。そこで、クマ騒動の学習を通して伝えたいと思ったことを、グループごとに新聞に表現することにした。今までの学習のまとめに、新しく取材したこと（「共存を目指す」と新聞に載っていた小松森林組合からの聞き取り、熊森会の三井さんからの事前聞き取り、他学年のクマの劇の感想等）も入れた。三月中旬に全ての新聞が出来上がった。

そして、クマと森を守る活動に取り組んでいる熊森会石川県支部長で主婦の三井さんたちにお話をうかがった。新聞作りの時に取材をしていた子が報告した後、三井さんに活動を行うようになったきっかけと活動内容などを詳しくお聞きした。熊だな、森、どんぐりを運んだ時の写真、針葉樹林と広葉樹林の違いをわかりやすく図示した絵などを使って楽しく教えていただいた。熊森会で考えている

「クマが下りてきた理由」もプリントを使って説明してもらった。「台風説」の否定など、子どもたちの考えと違っていたこともあったが、針葉樹林を植えすぎたことや地球温暖化の話もあり、ある程度自分たちの考えていた理由が合っていたことを確かめる時間になった。

小3生〝命の壁新聞〟

能美・粟生小　駆除か保護か　真剣論議

クマ出没…生態など学習

完成した壁新聞を見る児童たち＝能美市粟生小で

昨年出没が相次いだクマについて考えようと、能美市粟生小学校の三年生が三学期から総合学習の時間を利用して、調べ学習などに取り組んできた。授業の総まとめとして、それぞれが書いた壁新聞を公開した。

テーマは「クマについて調べよう」。三年生約五十人はインターネットや本でクマの生態や特徴を調べ、市職員や地元の猟友会員、動物園獣医師、熊森協会員から話を聞いてまとめた。

出来上がった壁新聞には、クマが集落に下りてきた理由のほか〝編集後記〟を掲載。駆除か保護かについては「クマも命がある。命を大切にしたい」「絶滅するから」との理由で、保護派が多数を占めたが、一部で「どこに逃がしても反対される。駆除はしようがない」との意見も。

昨年は県内で約百六十頭が駆除された。児童たちは「クマが安心して暮らせるようになればいい」と口をそろえ「いろいろな人に考えてもらいたい」と真摯（しんし）に訴えていた。

（田嶋豊）

子どもたちの声が載った新聞記事（北陸中日新聞）

この時間、算数や国語ではなかなか活躍できないH君が「クマや自然を守ることを実行している人はすごい！」などとどんどん発言し授業を引っ張った。「針葉樹林を植えるのは必要な量だけにしておいて、広葉樹林を植えていけばいいんだ」という発言を聞いて、三井さんは、すごく深く考えられる子どもたちだと話していた。

その後、クマを守ってほしいと考えていることをアピールする手段として、新聞記者の方に来てもらい、新聞記事で訴えたいことを出し合う時間を持った。「クマを守ってほしい」「減っていることを知らせてほしい」「クマを撃たないで！」「クマを撃つことを禁止してほしい」という声があがり、それをまとめてもらい二日後に記事が掲載された。

その後、感想を送ったお礼として、三井さんから子ども一人ひとりに手紙が届いた。内容は五〇人それぞれの感想に丁寧に答えたもので、このこと一つとっても、学びでつながりあえる経験を子どもが持つことができたという意味ですてきな学習になったと思う。

学習のまとめとして「足尾の山にツキノワグマが帰ってきた」というビデオを見た。ビデオで解説されることは今までの学習の中で学んできたものばかりであり、学習全体の復習になった。また、実際の映像でクマが自然の中で幸せに暮らしている姿を見たのは初めてだったので、クマのイメージを広げることにもつながった。その後、この学習を通して学んだことをそれぞれ書きつづった。

- ぼくは、三年でクマの勉強をして、よかったことは、いろいろな人とふれあえたことです。そして、クマを調べてクマのことがいろいろわかったことです。そして、クマの劇をしたことです。（S・Y）
- 一番いいと思ったのは、三井さんの話です。三井さんはクマを助けるという気持ちがありました。クマのことを知って、教えてくれてよかったです。（I・Y）
- これまでクマの学習をしてきて思ったことは、クマはただ下りてきたのではなく、「山が荒れているよ」と伝えてきたということです。（H・A）

4　学習自体に意味を感じ取る学び

「クマ騒動」を考えることは、地球の未来・人間の未来を考えることにつながっていた。下りてきた原因を考え、しっかりと対応することの大切さを子どもたちは感じ取っていた。

H君やRさんが、なぜこの学習に夢中になれたのかを考えると、学習自体に意味を感じ取ったからではないか。総合学習は、学びに意味をもたせることのできる時間である。

この実践を、金沢サークルで提案した時には、次のような指摘を受けた。たとえばどんぐりにも多くの種類があり、実際に集めたり、触って比べたりする「いじくり」の世界をくぐらせながら、三年生の発達段階を踏まえた問いを育てる学習を意識する必要がある。この指摘を踏まえた上でも、この学習の中で、クマを入り口にしていろいろな人に出会い、さまざまな考え方を聞く学習に取り組めたことはとてもよかったと思う。やはり、人に出会って学ぶことは心に残る。特に、熊森会の三井さんたちと子どもを出会わせることができたことは、この実践の柱になった。それは、「○○説」の正しさといったようなことだけではなくて、その人の生き方に接することができたからだと思う。

（この報告は、前任校・粟生小学校での実践をまとめたものです。）

2 実践

世田谷特産「大蔵大根」

◉東京・私立和光小学校　栗原　伸

三年生の総合学習の二つ目の単元は、「地域の素材から」ということが決まっているだけで、素材をどうするかは、その年の学年に委ねられている。この年の二人の担任の意見は「〝大蔵大根〟でいこう」ということで一致した。子どもが働きかけやすい素材であること、食べることや作ることが好きなこの学年の子どもたちに合っていることが主な理由である。実践を振り返りながら、三年生の総合学習の素材にはどんなものがふさわしいのかについて考えていきたい。

▽1　社会科「農家探検」から「大蔵大根」へ

三年生の社会科の「地域探検」で学校の周りの地域を探検し、子どもたちは、無人の野菜販売所や一面に広がる畑に興味を持った。その中で「大蔵大根」とも出会った。

「大蔵大根」は、「青首大根」が全国に広がる前に地元でよく作られていた世田谷特産の大根である。その形はずんどう型で、畑から抜きにくく、「腰抜かし大根」と呼ばれている。「青首」は、大きさが一定で抜きやすい形なので、農家の負担が少ないのだが、「大蔵大根」は形も不揃いで、全体的に大きく、核家族では食べ切れない大きさであることも少なくなった原因のようだ。青首大根が広がると、ほとんど作られなくなっていった。

ところが、五、六年前から、世田谷の三〇件くらいの農家で、この大蔵大根の栽培を復活させる動きが起こる。世田谷特産の野菜を守ろうという若い農家の方が集まって、研究を始めたのだそうだ。大蔵大根を育てることは、効率ばかりを大事にする今の農業や社会に対するアンチテーゼのようにも見えてきた。

大蔵大根を栽培・研究している農家の方の一人に河原さんという方がいる。サラリーマンをやめ、代々続いてきた畑を守っている人だ。行政の側も地域おこしの一環として、「世田谷そだち」というブランドの野菜を広げようとしているが、そのための金銭的な補助は何もなく、大蔵大根は自分の畑の前の無人販売所で売るしかないそうだ。それでも河原さんたちが栽培を続けるのは、「世田谷に農家があったこと、そこでとれた野菜を食べていたことを子どもたちに忘れないでいてほしいから」だという。そんな中で農業を続ける河原さんや、大蔵大根を作る農家の方の生き方そのものが教材になるように思えてきた。

2　大蔵大根を学ぶ――実感を持った問いは体験から生まれる

◆二つの大根の味比べ、形比べ

まず、大根にも味の違いがあるということを意識している子は少ないように思い、青首と大蔵の二つの大根を切って、生で食べさせ感想を出し合った。青首大根は「薄い、水っぽい、甘い、しゃきしゃき」で、大蔵大根は「濃い、苦い、辛い、後味が渋い、おいしくない」だった。全体としてみれば、味が濃いのが大蔵で、味が薄いのが青首ということになるのだろうか。苦みも大蔵のほうが強いようだ。しっかりとした味がある大根と言えるのだろうか。

味わった後に、二種類の大根を見せ、その形や色の違いについて意見交換した。青首大根は「上のほうが太い、先が細い、上のほうが緑、根が短い、色が薄い」で、大蔵大根は「先が丸い、(上から下まで) だいたい同じ太さ、全部白っぽい、根が長い」だった。感想文には、「大根にも種類があるなんて初めて知った」というものが多かった。

◆大蔵大根を抜く

次に、「この間食べてみた大蔵大根を抜きに行こう」と呼びかけた。大根を抜くのは、ほとんどの子どもが初めてだったが、こんなにも抜けないのかと思うくらい抜けなかった。「腰抜かし大根」と呼ばれる理由を肌で感じた。抜くのも大変だったが、学校まで持って帰るのは、もっと大変だった。

……それで、学校にかえったよ。最初の二、三分はかるかったけど、だんだんすっごく重たくなってきたよ。さいしょは前のほうだったけど、三〇分ぐらいしたら、一ばん後ろになっちゃったよ。でも、その時Yが、さいご持ってくれたよ。その時、やさしくって、かんどうして泣いちゃったよ。……おべんとうの時ボーッとしてて、かえりの会では、つかれて二回もねちゃったよ。……歩いているときは、だれかにあげたいと思ったけど、ちゃんとやっぱり持ってかえってきてよかったよ。そのあと家でにものにして、食べたよ。すっごくおいしかった。重かったけどまた、たべたいな。（F子）

◆大根情報集め

学習と並行して、大蔵大根やその他の大根の情報を集めようと呼びかけた。集まった情報は、次のようなものだ。

- おばあちゃんの家が昔農家だった
- どの部分がどういう料理にむいているのか
- 栄養分
- 大蔵大根の歴史
- 青首大根の名前の由来
- なぜ青首が作られるようになったのか
- 大蔵大根の特徴
- 収穫時期
- 食べ方
- 昔話
- 種類
- 練馬大根
- 外国の大根
- 大根クイズ
- お化け大根コンテスト
- 育て方……などなど。

いろいろな種類の大根そのものも届けられた。聖護院大根、ラディッシュ、レディサラダ、辛味大根、白大根など……。それぞれみんなで味わった。そんな中で学習が身近になってきた。

◆大蔵大根を売っている店を探す

冬休みの宿題として、「大蔵大根を売っている店探し」に取り組んだ。いつも自分の家が野菜を買っている八百屋やスーパーマーケットで、大蔵大根を売っているかどうかを調べてくるというものだ。

冬休み明けに、調べた結果をクラスでまとめてみると、大蔵大根を売っている店は、六八軒中六軒しかなかった。青首が多くて、三六軒。三浦大根も、二二軒で売られていた。「大蔵大根はこれだけしか売っていない」と子どもたちは驚いていた。同時に、「青首大根はなんで多くの店で売っているのだろう」ということも子どもたちの疑問になってきた。

◆料理作りから問いが生まれてきた

さらに大蔵大根を身近にとらえさせたいと思い、「大根料理作り」にとりくんだ。班に丸ごと一本の大蔵大根を渡す。班で料理方法を調べ、計画を立て、料理する。できた料理は、クラスのみんなで食べあった。子どもたちが作った料理は、次のようなものになった。

- 味噌汁
- 手羽先と大根の煮物
- ステーキ
- 煮物
- 大根おろし
- 葉っぱのふりかけ
- ブリ大根
- サラダ
- 葉っぱと油揚げの炒めもの
- 大根と豚肉の重ね煮
- スープ

どの料理も、とてもおいしくでき、子どもたちは喜んで食べあった。

料理作りの感想に、G太は「大蔵大根は、なんでこんなにおいしいのに、あまり売っていないのだろう?」と書いていた。これはクラスみんなの問いになると思ったので、みんなで話しあってみた。

子どもたちからは、「重くて持ち運びに大変だから、売れないいんじゃないの?」「私たちも重くて、途中で泣いちゃったよ」「抜くのも大変だったよね」など、抜いたときに体験したことがどんどん出てきた。Ｊからは「そういえば前に、河原さんが、抜きにくいから作っている人が少ないって言ってたよ。だから、あまり売っていないんじゃないか」。それに続けて、「そういえば、大蔵大根って、一度絶滅したって言ってたよな」「なんでそんなのを作ってるんだろう」という疑問が出てきた。大蔵大根を抜きに行ったときに河原さんが説明してくれたことだった。その時は何気なく聞いていたのだが、自分の問いと結びつけるとその話の意味が本当にわかってくる。

「でも河原さんは作っているんだよね」というと、「なんであんな面倒くさいのを作るのかな」という声が出てきたので、「大蔵大根のことで、河原さんに聞きたいことを出してみよう」というと、いくつもの問いが生まれてきた。また、子どもたちの中では、いつからか、河原さんは「絶滅しそうな大蔵大根を守っている人」ととらえられるようになってきていた。

◆「大蔵大根を守っている河原さん」に聞きたいこと

子どもたちの疑問を大きくまとめると、「大蔵大根は、どうしてあまり店に置かれていないのか」「河原さんは、なぜそういう大蔵大根を作っているのか」という二点になる。その他に聞きたいこともあるようだったので、河原さんに学校に来ていただいて、話をしてもらい、質問もしようということになった。

一つ目の問いへの答えは、「作るのが大変で、作れる量が少ない」「作るのがかんたんな青首大根ばかりになっている」だった。二つ目の問いに対しては、「世田谷にしかない野菜があったっていうことを、みんなのような子どもたちに忘れないでいてもらいたいからだよ」という答えが返ってきた。

河原さんは、自分の代で農家は終わるかもしれない、大蔵大根も何年か後にはなくなってしまうかもしれないと思っているようだった。だからこそ、子どもたちに世田谷特産の野菜、大蔵大根を味わっていておいてほしい……そんな思いが伝わってくる場になった。

[子どもたちの感想]

●大蔵大根は本当に重かったし、抜くのが大変だったから、青首大根の方がいいと思ったけど、大蔵大根は世田谷だけでしか作っていないから、大蔵大根をずっと作ってほしい。また作る人がいっぱいになってほしいです。また、河原さんの子どもに大蔵大根を作ってほしいです。(S)

●河原さんは、大蔵大根を、もうからないけどみんなに世田谷に畑があることを知ってもらうために作っているってすごいなーって思いました。だって、野菜を作るのって、お仕事でしょ。今日は、本で調べてもわからない、作っている人の気持ちとかがわかってよかったです。この話を聞いて、もう一回大根ぬきをしたくなりました。(E)

●私が大人になったら、子どもに大蔵大根を食べさせて、今日河原さんに教えてもらったことを子どもに教えてあげたいよ。あと、いとことかにも教えてあげたいよ。(M)

●日本のどこかに一〇人～二〇人のかぞくがいたら、大蔵大根一本じゃたりないと思うよ。そのかぞくが河原さんのむじんはんばい所の近くにいたら、いつも来てくれると思う。そうだったら、その人もいっしょに広めてくれるかもしれない。私は、いろいろな場所に大蔵大根が売っているといいな～。(H)

子どもたちの、大蔵大根を作っている河原さんへの応援と、これからも作り続けてほしいという思いが込められているように思えた。

◆大蔵大根・大根研究の本づくり

学習のまとめとして作った「大蔵大根・大根研究の本」の中の作文を読んでいくと、この学習を通して、子どもたちは大根そのものへの理解を深め、関心を生み出していたことが見えてくる。

●さいしょ青首大根とか大蔵大根とか知らなくて、ぜんぶいっしょだと思っていたよ。でも、青首大根とか、大蔵大根とかわかれていることがわかったよ。ほかにもいろいろな大根があるんだってわかったよ。しかも、スーパーで売っている大根の首がみどりだなんて、気づきもしなかったよ。青首大根は身近にあるってことがわかったよ。（F）

●いろいろなぎ問が出てきた。でもそのぎ問は、大蔵大根をぬきに行ったときからわかってきた。でもまだわからないことがあった。でもりょうりをしたり、いろいろなことをして、ぎ問がぜんぶとけた。たとえば、なぜ大蔵大根のほうが太いのか……そういう種類だから、とか、切ったときぬるぬるしていたのはなぜですか……しんせんなしょうこ。大蔵大根は、なぜおいしいのにゆうめいにならないのですか……みんな忘れてしまったから、というのが一ばん心にのこった。だって、青首大根もおいしいけど、大蔵大根もすごくおいしかった。なのに、あまりどこにも売っていないから。でもとにかく、このぎ問がわかったのは、河原さんのおかげだと思う。河原さんにしつ問できてよかったと思った。（H）

3 実践を振り返って

今回の実践で感じたのは、「体験が問いを作り、問いを解く鍵も体験の中にある」ということである。大蔵大根を売っている店探しや、三学期の大蔵大根料理づくりを通して、「なんでおいしいのに売られてないの」という問いが生まれた。そして、自分で抜いてみたり、運んでみたりして大変さを味わっていたからこそ、「抜くのが大変で作る人がいない」という答えを実感を持って受けとめられたのだろう。実感を持った問いを生み出すためにも、実感を持って問いを解き明かすためにも、体験するということが大切だということが見えてきた。

また、三年生の総合学習を作るときにまず大切なのは、素材のもつテーマ性ではないかと考えるようになった。テーマへの接近は、三年生なりの限界もあるが、現代的な課題を内包するテーマを持った時こそ、子どもたちはその中に学ぶ意味を見出し、問いを発するように思えた。「大蔵大根」のテーマ――その背景となっている、都市型農業の抱える矛盾やその中での農家の人たちの生き方――は、難しい課題である。でも、子どもたちは活動や学習を通してテーマに近づき、河原さんに共感することもできていたように思うのである。

3
実践

沖縄の都市河川「屋部川」を見つめて

◉沖縄・名護市立大宮小学校　齊藤 博孝

ここ名護市でも、全国展開する大型スーパーやチェーン店などが次々に建てられ、近年日本中のいたる所で見られるようになった殺風景な町並みが目立つようになってきた。様々な家庭環境の子どもがいる中でも、子どもたちは落ち着いてみえる。しかし、教師の指示に対して「とてもおりこう」であることに、驚きと危機感を持った。表現力が乏しく、なるべく静かに目立たぬように授業をやり過ごす。給食の牛乳が余って初めて、友達が休んでいることに気づく。新しいことに出会うと、飛びつく前に様子を見る。けんかもほとんどない。誰に見せるわけでもない砂遊びを暗くなるまで何時間も続ける、そんな経験が足りないように感じた。

1　結果を求められない学習

「東屋部川は長さ五・六㎞で流域面積は一二・六㎢になり、名護市街地裏の低地部を流れている。河川勾配はゆるやかで、源流付近でも標高は二五m程度である。河川の領域では一九七〇年代まで稲作が盛んで川沿いには水田があったが、今ではほとんど埋め立てられている」（幸地良仁『名護市の淡水魚類』名護市教育委員会編)。屋部川は、源流付近や下流域を除けばそのほとんどが三面張りで、生活雑廃水なども流れる都市河川といえる。近くを通れば匂いもするが、何度か川に入る中で、子どもたちが遊べるフィールドが見つかった。河川を管理する市役所や土木事務所、PTAとの連絡を重ねながら計画を立てた。

「屋部川開き」「源流探検」「水の汚れ調べ」。一学期はこの三つの活動を柱に導入期間と考え、学習の成果を求めることからは、なるべく遠ざけるようにした。

屋部川の川開きでは、テンジクカワアナゴやハゼ類、手長エビ、ティラピア、ウナギ、しじみ、グッピー、スッポンなど、三〇種類を超える生き物が見つかった。中には、排水が流れ込む深みに首まで浸かって泳ぎ出す子までいた。彼は、足を滑らせて一瞬川の水を飲んでしまったのだが、大きな発見をする。水が「しょっぱい!」のだ。河口から二キロほどの場所で活動していたのだが、海抜が低いので潮の干満の影響を受け、海水が流れ込んできているのである。彼のおかげで、子どもたちに大事にして欲しいと私が訴えていた「五感を使うこと」が自然に入っていった。

初めは、汚くて生き物も少なさそうと思っていた。だけど活動をして後、あんなに汚い川なのに生き物がいて、とてもすごいなと思った。次は、屋部川を下ってほかの魚を見つけたり、どんなふうに川が変わるかを見て、屋部川マップをつくりたいです。

2　源流探検

河口を出発し、五つの支流ごとにグループに分かれ、源流まで遡る。全長が五・六キロの屋部川だからこそできる活動だ。沖縄の灼熱の太陽の下、二時間から三時間かけて歩いた。河口域にはマングローブがあった。見慣れた中流域では、干潮時であったため水深が五〇センチ程しかなく、川底には捨てられたゴミやバイクが見える。

五つの支流のうち、住宅地を歩いたグループは排水溝の数を数えながら歩いた。「みんなと分かれた所から用水路が二三こもありました。用水路から流れる水はだいたい汚い水でした」。一つの観点を持って歩いたことがすばらしい。一方、市街地を離れたグループは川の様相の変化に驚く。「先生、この水飲めるね？」と聞いてくるのだ。川の水の汚れを主観的に判断する方法として、「水が飲みたいと思う川か」「入りたくなる川か」「入りたいと思わない川か」というものがあるが、子どもたちの眼には水が飲みたくなるほどきれいに映ったようだ。

学校に戻り、五つのグループごとにそれぞれのコースの様子を伝え合った。カメラ担当の子が撮った写真スライドを使いながら、さほど緊張することもなく驚きと発見を喜んで発表することができた。活動のためだけに計画を立て、見たり、感じたりしたままにまとめをする。それを繰り返した一学期だった。

「川はどこから汚れるの？」排水溝探険

3　グループ学習

二学期には課題別のグループ活動を予定していた。一学期を振り返りながらまずは個人で課題を考えさせた。ここで挙げられたのは、ほとんどが川の生き物や汚れに関する課題だった。しかしこれだけでは「川を通して、自然・環境と人々の生活のつながりを見ることができ、自らを環境に関わる主体の一つとして捉えることができる」という学習の主題に迫ることはできない。何度か個人の課題の練り直しを求めた。ヤンバルクイナの発見者としても知られる友利哲夫先生に講演をお願いしたところ、「沖縄の生き物たちは泣いている」と題し、ハブ駆除のために人間が持ち込んだマングースによるヤンバルクイナの減少をはじめ、沖縄の固有種のほとんどが絶滅の危機に瀕していることを、自ら山中に入り撮影された数十枚の美しい写真で説明して下さった。

これらの学習を通して個人の課題が少しはっきりしてきたところで、似ている課題を持った同士でグループを作った。人数は三人から六人と制限した。ある程度グループが出来上がった頃に、私からも「川岸のつくられ方」と「井戸・樋川《ヒージャー》」の二つのテーマを提案した。二学期に入り、一五時間程をかけてグループが決まった。まずは、知りたい情報や会いたい人をアンケートで探すことからグループ活動が始まった。ここで、人や情報に出会えたグループは順調に学習が進んだ。いくつかのグループの様子を紹介する。

◆どうしても知りたい「ワイルドリバー」グループ

このグループは、川岸の作られ方（護岸）について調べた。男子四名は校外での調査や実験装置作りなどの活動には夢中だが、まとめは苦手。茜さんは、「先生、男子がふざけてばかりいる」と苦情を言いに来る。それが何度か続いたので、「あんまりきつかったらグループをかわってみるか？」となぐさめてみた。しかし茜さんは「かわりたくない、どうしてもそのことが調べたい」と言う。土木事務所の方の話から、近年六四億円をかけてコンクリート張りの川岸を自然に近い形に変えていることを知ると、茜さんは「どうして初めに考えなかったのですか」とするどい質問を投げかけた。発表会では山の役割を示す濾過装置や、護岸の模型まで示し、見事に学んだことを伝えた。発表後の感想は、大学ノート五枚にびっしりと書かれてあった。学びに対してこれほど素直に夢中になれる茜さんの姿に大きな希望を抱くことができた。

◆歩け歩け「メダカ探し隊」グループ

川で生き物探しを続けたい気持ちからできあがったグループだ。野球部のウーマクー（わんぱく）三人組。拓海君が家でグッピーを飼い始めたこともあり、「姿を消したメダカ探し」を提案したところ、冒険心に火がついた。生き物に詳しい池原さんという師を得て、名護市のみならず本部町までもメダカを探し歩く。結局メダカは見つからなかったが、水質汚濁や蚊を絶やすために持ち込まれた「カダヤシ」や「グッピー」が原因で、メダカが姿を消した様子をペープサートで表現した。のちに名桜大学で開催されたシンポジウムでも堂々と発表をやってのけた。一年を振り返った作文の中で、拓海君は最初に総合学習のことをあげている。

ぼくは勉強がきらいでした。でも、五年二組になって勉強がきらいではなくなりました。ぼくの好きな教科は総合です。総合はいろいろなことを調べるので楽しいです。でも、他の教科は好きではないので、全教科が好きになれるようにがんばりたいです。ぼくたちがお世話になった池原さんにもとても感謝しています。でも発表会には来られませんでした。一番発表をみてもらいたかったです。五年生での総合は終わったけれど、六年生でも水を大切にし、洗剤をあまり使わず、食べ物を残さないで名護市にまたメダカが戻ってくるようにがんばりたいです。

彼の探究心が九月から持続していたことがうかがえる。

◆出会い「昔の屋部川探検隊」グループ

このグループは、幼少期より川のそばに住んでおられる比嘉さんと出会った。川は子どもたちの遊び場であったこと、水が飲める場所もあり、まわりは段々畑で川藻をとって乾燥させ肥料にしていたこと、堰が出来る前は満潮時にはイルカが上がってきていたことなど夢のような話を伺う。当時から残るグンジャムイと呼ばれる山に登りながら思いをはせた。当時の写真もたくさん見ることができた。比嘉さんは、なんとか自然のままに川を残そうと努力したそうだが「土地を持っていないのでどうにもできなかった」と無念そうに語られた。

発表会では昔・今・未来の屋部川を絵巻物にまとめた。その発表を見た比嘉さんは、「君たちの発表を見て、また昔のような川に戻るのではないかと期待できるようになった。ありがとう」と涙された。この言葉に責任を感じた子も多くいた。

4 学びの共有と総合

そのほか、テーマを絞り切れなかった「屋部川の生き物調べ」グループは、私に連れられてさらに二度、生き物探しをした。それまでの名護市の調査では確認されていなかったカワヨウジを確認するなどの発見もあったが、一学期の屋部川開きが最後まで続いたような研究になった。発表会では網を使っての魚の捕まえ方の説明がメインだった。

「川で遊び隊」は、石を拾って絵を描いていたがそれにはすぐに飽きてしまった。上流と下流の石の違い調べなども長続きしない。薬草や食用の草に詳しいおばあさんを紹介し、一緒に散策するなかで楽しみを感じ始めたのは学習の最終時期になってからであった。

これらのグループは、自分たちだけで主題に迫る学習をつくったとは言えない。途中、本人たちからも「よく考えていなかった」とあきらめの声が聞かれることもあった。しかし、尻を叩かれながらであっても最後まで活動を続け、中間発表会やまとめの発表会、日々の活動等、他のグループの活動を数多く目にし、そこから学んでいった。一つの研究としては不十分であっても、それらを総合し共有することが十分になされるのであれば、学習として成り立つのではないかと考えた。学びとは、それくらいのゆとりが許されるものであろう。

5　価値あることを伝えたい

最後の発表会のテーマは「きれいな川で遊びたい」になった。これまでお世話になった方々や、四年生の一学級、父母などたくさんの参加者に囲まれた。子どもたちは準備と練習を重ね、緊張して当日を迎えた。

最後の最後まで自分のやるところを見直しました。「相手にただ言うのじゃない。相手にわからせる。伝えるのだよ」。先生がそうおっしゃっていました。ただ言うのは簡単。でも、相手に伝えるには、それなりの工夫や話し方に気をつけてやることも大切です。私にはそれができるか不安です。発表会は、最後のプログラムが終わったら終わりじゃない。相手に伝わったら発表会は終わりなんだよと自分に言い聞かせました。（中略）今日は多くの人にわかってもらえたと思います。伝えられることは全部伝えました。（貴絵）

メダカに夢中になった拓海君、茜さんのねばり強いこだわり、貴絵さんの伝えようとする意識。五感を通して交わった屋部川を通して、驚きや感動をふくらませ、それが意味づけられた充実感を味わうことができた。

屋部川の実践も四年目を数える今年度、「川を少しでもきれいにしたい」という思いから、屋部川一期生の中学二年生を中心として、清掃活動が始まった。

4
実践

「枯葉はどこへ行ったのか事件」を追って——総合学習「学びの物語」

◉北海道・江差町立南が丘小学校　中山 晴生

1 はじまり（二〇〇〇年度秋）

「すっげえ、先生、枯葉で川が見えない」

秋に庄兵衛沢に行ったときのことである。春から夏にかけて見慣れていた庄兵衛沢の風景が一変していた。うっそうとした緑の木々が落葉し、その葉が庄兵衛沢を埋め尽くしていた。しかも分厚い層をなしている。しばらくすると、遊びの天才集団の五年生は、その枯葉をグチャグチャと踏んで遊び始めた。紘史君が「先生、おもしれぇ！　この枯葉、気に入った。持って帰ってコレクションしてぇ」と言う。早速、学校に持ち帰った。「どうせなら、形で整理したら」と私。子どもたちは「それいい！」と理科室で模造紙に枯葉を貼り出した。残念ながらその作業は下校のチャイムで中断される。

子どもたちが帰った後、彼らのコレクションを見ながら、「これは総合学習のテーマになるかも！」と思った。鶉小学校では、一九九八年度から子どもたちの「問い」からテーマを立ち上げ、そこから子どもたちの能動的な学びを期待して総合学習を組み立てようと努力している。私たちはそれを、物語のように紡ぐところから「学びの物語」と呼んでいる。そこには、幼いながら何気ない子どもたちの「問い」の中に隠れている本質を、対話で衣を剝ぎ取りながらテーマに立ち上げていく苦労がある。「枯葉」は、テーマになりえるのではと思った。

次の日。枯葉は暖房でパリパリに乾いて丸まり、全部同じような形になっていた。子どもたちはもちろん私も残念だった。次の週、「先生！　行くべ！」と子どもたちに誘われ、庄兵衛沢に遊びに行った。残念なことに枯葉はほとんどなくなっていた。子どもたちも私もあまりの見事さに心を奪われてしまった。そして涼君がポロッと呟いた。「先生、あの枯葉はどこに行ったんだべ？」

2 「問い」から「テーマ」へ

涼君の「問い」に、「さぁ……どこに行ったんだべなぁ？」と私。その会話に皆が絡んでくる。「岸に行ったんじゃない」「粉々になるんじゃない」「虫に食われるに決まってるべや」。枯葉のなくなった庄兵衛沢の岸辺で、子どもたちは自然に意見を言い合っていた。白熱した討論ではないが、確かに辺りを見まわしながら自分の頭で考え、自分の言葉で話している。こんな姿を見るのは初めてだった。彼らは今、「推理」をしている。推理は裏づけがないと出てこない。その裏づけは自分たちの今までの生活である。ほとんどの子どもが推理を言い合えるということは、この謎が子どもたちの最近接領域になるのではないか。このことをテーマにできれば、子どもたちは「学び」に能動的になり、共同の学びになるのではないか。また、物事の「本質」に迫り、何気ないものが意味あるものにみえてくるような世界観を育むものとなりえるのでは、とあらためて思った。

三学期早々、「秋に川へ行ったときのあのたくさんの枯葉はどこへ行ったのか？」という「問い」に対して、それぞれ仮説を立ててもらった。一部を紹介する。

●粉々になったか、栄養になるか、ぼくはその二つを予想した。（裕）
●①木の栄養になる。②土になる。③流れてどっかに行ってしまう。④小さな虫に食われる。（広）

このことをもとに話し合ううちに、①土になる、②木や草の栄養になる、③虫に食われる、④流されてどこかに行く、という四つに大別された。子どもたちは仮説を証明する実験を考え始めた。

3　推理から検証へ（二〇〇一年度）

その子どもたちが六年生になると、複式学級なので五年生も入ってきた。五年生のために経過を説明する時間をもり、五年生は六年生の仮説を聞き、自分の意見を言った。そして、五・六年あわせて一三人での「学びの物語」が本格的に始まった。

❶「土になるのでは？」の検証実験　子どもたちは、枯葉ボックスで枯葉を土にする実験を考えた。風通しをよくするためにダンボール箱を使い、菌がいる腐葉土と枯葉を混ぜ、中の様子が見えるように箱の一面だけにアクリル板をはめ込んだ実験道具を作った。なかなか腐って土にならないので、子

上流のP2地点で枯葉採集調査をする子どもたち

どもたちは「そうだ、雨がないから腐らないんだ！」とアサガオを育てるように水をやった。しかし、甘くはなかった。腐るどころか雑草が芽吹きだした。枯葉は腐らずダンボールが腐り、破れてしまい収拾がつかなくなった。九か月で土になるほど生やさしいものではなかった。

❷「木や草の栄養になるのでは？」の検証実験　子どもたちは枯葉を混ぜた土とそうでない土との農作物の育ちの違いを比較する実験を考えた。厚沢部特産のメークインをそれぞれの土で育てた。春に植え、秋の収穫まで観察した。育ちの違いが出たが、子どもたちの推理とは逆の結果、つまり枯葉の土の方が育ちが悪かった。

❸「虫に食われて分解されるのでは？」の検証実験　子どもたちは植物を腐らす実験に取り組んだ。これは偶然の産物だった。もともとこれを確かめるためには、「上流から中流、下流そして海までの枯葉採集調査」をすることになっていたが、畑の片づけをしているうちに、正君がこのことを思いついた。畑に大きな穴を掘り、枯葉や枯れた農作物を入れた。そして週に一度その穴を掘り返し、虫がいるかどうか確かめた。穴を掘ると「くせぇ」「くせぇ」の大合唱。すごい異臭に子どもたちはたじろぎ、虫を採集するどころではなかった。しかし、「自然」からことご

とく跳ね返される実験結果に、何とかせねばと思ったのか、負けずに採集・観察をしてハエや白いミミズなどの生き物が多くなっていたことを確認した。

ほとんどの実験が満足のいく結果ではなかった。しかし、一一月に行った「上流から中流、下流そして海までの枯葉採集調査」は子どもたちの思考を触発した。この調査は①～④の全体の仮説を裏づけるために子どもたちが考え、一番したかった調査だった。上流から下流までの七地点は私が選び、そこで枯葉を集めた。そして、そのポイントごとに枯葉を並べた。子どもたちは、以前の推理と重ねながら考えを深めた。その調査結果の一部を紹介する。

〈事件のさらなる推理〉（Ｐ１、２、３は上流　Ｐ４、５は中流　Ｐ６、７は下流の調査地点）

●Ｐ４からＰ５にかけて、枯葉は土になっている。Ｐ４はけっこう岸に枯葉があったのに、Ｐ５になると少ししかなくて草に絡まっていた。私は枯葉が土になっていると思う。沈んでいると思う。Ｐ６からＰ７（海）はもう枯葉がない。Ｐ６とＰ７は枯葉の枚数が変わらない。Ｐ６は川の面積が広いから枯葉はＰ６に沈んで、Ｐ７にある枯葉はＰ６から来た枯葉ではなくて反対方面から来た枯葉だと思う。たどり着くのは７／１００ぐらい。（舞子）

●お母さんの推理は「海に流れる前に川の底にしずんでだんだんなくなって海に着くのはほんのちょっと」と言っていた。ぼくの推理ははじっこに流れた枯葉が笹とかにひっかかってだんだん腐って土になったと思う。（涼）

●おそらく、たまたま枯葉に木から虫が落ちてきて枯葉が流れていくうちに虫が枯葉を食べて枯葉がぼろぼろになってしまったと思う。そして、激流のところへ流れて行ってしまって枯葉がバラバラになって石の間に挟まってしまったと思う。虫に食べられなかった枯葉は流れの横に物がつっかかりそうなところにつっかかったとぼくは思った。これがぼくの推理。(雄介)

●川辺に生えている笹、どんこ、細い木などにひっかかり、終わりには虫に食われたりする。食われなかった枯葉はやがて土になり、引っかからなかった葉っぱは約10/100くらいであろう。それは上流中流下流をみると下流に行くまでの間に枯葉が異常に少なくなっていることでわかる。その枯葉は上流では大岩、石と石の間、水の中などに引っかかっている。中流では川の曲がる急な所に枯葉が詰まっている。下流は中流までで枯葉はほぼない。近くに田があり、水路の口の方で詰まっている。(康弘)

●落ちた葉は笹にひっかかったり、川の中で葉っぱはくさり沈む。それから何かしてかなり細かくなって黒い土みたいなものができる。それを植物プランクトンが栄養としている。枯れ葉→植物プランクトンが食べる→小さい生き物が食べる。(淳平)

子どもたちは、今までの実験結果で得た自分なりの結論と新たな推理が正しいのか確かめたい欲求に駆られた。そこで私は川の写真家稗田一俊氏に出会わせたいと思った。彼は二〇年以上も一つの川にこだわり、そこに住み、追い続けている「ホンモノ」の写真家である。知識以外にもその謙虚な人となりも、子どもたちに会わせたい理由だった。そしてその授業が実現した。最後の方で稗田氏は、子どもたちの実験調査を基にした実感に裏打ちされた結論をほめてくれた。子どもたちは自分たちの仮説がほとんど合っていることを稗田氏から確認することができた。と同時に新たな疑問が生まれた。「最後には海に行くんだぁ…じゃあ海に行ったらどうなるんだろう？」と。

4　さらなる問いを探究する学びの旅へ

稗田氏との出会いで、子どもたちは知識以外にも「ホンモノ」のすごさを感じた。そして、新たに生まれた疑問を探究するために子どもたちが探してきた人は、「森は海の恋人」というキャッチフレーズで長年植林活動を続けている宮城県の漁師、畠山重篤氏だった。とんでもないことになってきた。いろいろ思案し、最初に子どもたちは校長先生に手紙を書いた。涼君の手紙を紹介する。

（前略）一回目行った時あった枯葉がほぼ全部なくなっていた。その時にぼくたちは疑問を持った。「あの枯葉どこに行ったんだ？」と。そして調査した。今まで、様々な人と出会った。熊撃ちの米谷さん。クマゲラ専門の菊地さん。そして、今回、ぼくたちに一番関わっている水中写真家稗田さんと会うことになった。いろいろ枯葉のことで教えてもらった。そこで最後は枯葉が海に行くことがわかった。また、違う疑問がわいてきた。「枯葉が海に行ったらどうなるんだろう」と。そう思って畠山さんに会いたいと思った。畠山さんはカキの養殖もやっているけど、山のことも詳しいと聞いた。だから枯葉が海にいってどうなるかがわかると思う。だから畠山さんに会いたい。

様々な方に骨を折っていただき、その「学びの旅」が実現した。宮城へは二泊三日の旅になった。畠山さんが「海の応接室」に案内してくれた。そこはリアス式海岸の穏やかな海がよく見える東屋のようなところだった。そして漁船に乗せてもらい、湾に流れ込む川の源流を宿す室根山を見ながら、枯葉の答えの一つであるプランクトンがいる水を実際に飲んで確かめた。そのプランクトンを栄養にし、「森の雫」といわれる牡蠣をほおばった。子どもたちはこの旅で、枯葉は海で植物プランクトンの栄養となり、その後、動物プランクトン、小魚、大魚の栄養として渡っていくことを知る。ある子どもが「先生、みんなロープのようにつながっているよね」と食物連鎖の関係を自分の言葉で話した。子どもたちは、様々なことを実感し、帰路に着いた。帰ってからは「ロープのようにつながる連鎖」に心をふるわせ、新聞にまとめ、畳一帖分の共同版画などを製作した。

この「学びの旅」にまつわる子どもたちの文章はすばらしいものがたくさんあるが、中でも私の心に残っているのは、喘息で学校を休みがちなA君の「卒業の詩」である。彼はたくさんの題材の中からこの「学びの旅」を選び、こんな文章を残して卒業していった。

小さい生き物でも役割がある

海までいった枯葉を調査するために　宮城県の漁師、畠山さんに会いに行った。そこで枯葉がどうなっていくのかということやプランクトンのことなどを教えてもらった。プランクトンはあんなに小さいのに、実は重要な生物だった。早く言うと、プランクトンは小さな魚に食べられ、それがまた大きな魚に食べられることがわかった。プランクトンがいないと魚が住めないのだ。そして、どんな小さい生物でも役割があると初めて知った。この学びがなかったら、プランクトンのことなど、何にも知らなかったと思う。

小柄でひ弱なA君が、小さくても重要な生き物のプランクトンに心をふるわせた。直感だが、自分自身を重ねたような気がした。

私は、失敗した実験も含めた調査結果から、探究心を発揮して推理を深めていった子どもたちを見て感動した。マニュアル化の中で育った私は、学校では決められた学習を受身に勉強すればある程度評価されるという経験にしばられていたと思う。この檜山地域の先達たちは、さまざまな「時数」を工夫して集めながら、奥深く骨太の実践を「ふるさと学習」と称し、実感に裏打ちされた「学び」を作ってきた。私はまだ届かないが、今回の取り組みで、自分の体で感じ、自分の頭で考え、自分の言葉で表現することの大切さの手応えを感じた。

（この報告は、前任校・厚沢部町立鶉小学校での実践をまとめたものです。）

5 実践

解き明かしたい問いから「つながり合う」学び

◉埼玉・川越市立泉小学校(前) 小川 修一

1 「つながり合う」心地よさを求める子どもたち

子どもたちは、ランドセルいっぱいに「解き明かしたい問い」を詰め込んで学校にやってくる(家庭や地域社会での「矛盾」も詰め込んできてはいるが)。しかし、子どもたちは、自らの「要求」でもある「解き明かしたい問い」を「いつ」「どこで」「どのように」表現したらよいのかは知らない。また、教員も彼らの熱い想いを「どのように」受け止め・受け容れられるかを、実践的かつ系統的に学んできてはいなかった。こうした実態は、日本の多くの学校での現実ではないだろうか。

「学びの改革」が叫ばれて久しい。しかし、「学びからの逃走」を繰り返す子どもたちは、一向に減少する傾向にはない。ここに、私たちの今日的な実践的課題が明確に立ちはだかっているのだ。

子どもたちは、「要求」でもある「解き明かしたい問い」を発表したり、交流し合ったりすることに喜びを感じている。子どもたちは、教室に持ち込んだ何気ない「?」や「!」にも、「価値ある学びの芽」が内包されていることに気づいたとき、仲間と「つながり合い」、実に生き活きと意欲的に学び取ろうとしている。こうした子どもたちは、「学びからの逃走」とは無縁なのだ。むしろ、学び合う「権利」を主張するかのように仲間と「つながって」主体的に活動を始めるものだ。

私たちは、こんな子ども群像を少なからず目にしてきた。彼らは、教室に仲間との〝響き合い〟のある〝心地よい居場所〟を形成しつつ、「解き明かしたい問い」を見つけ出すことに大きな喜びを求め続けている。そして、〝学び合う〟ことの「喜び」と同時に、その「価値」に気づき、積極的に「探求的」な〝学び合い〟を創り、育ててもいる。子どもたちは、活動を通して仲間と「つながる」と同時に、学ぶべき「文化」や「科学」も、それぞれ多様な形で系統性のある「つながり」を持っていることに気づいていくのだ。

2「解き明かしたい問い」を組織する――自然な〝学び合い〟の誕生

◆「いのち」と「からだ」を見つめ、拡がった〝学び合い〟

一年生での「朝顔栽培」に取り組んでいたときのことだ。子どもたちの連日の「水やり」の成果が実り、小さなちいさな芽を出してくれた。「双葉」に続いて「本葉」が出てくると、「せんせい！　初めに出た葉っぱは、丸っぽいよ」「でも、後から出たのは、ちょっと形が違うけど…」

子どもたちは、実によく「朝顔」を見つめ、仲間と自分のどちらが先に大きく成長するかを、競い合うかのようにジックリと観察しながら、「双葉」や「本葉」にも〝いのち〟を感じていった。

ところが、子どもたちには、ひどくビックリしてしまうような「事件」が起きた。「せんせい！　たいへん　たいへん！」「葉っぱが、枯れちゃったぁ！」と、騒ぎ出したのだ。ちょうどその頃だ。連日のように「○○ちゃんの歯が抜けたよ！」と、報告し合っていた子どもたちだった。「枯れ落ちる」「抜ける」といった二つの事実に直面したのだ。ところが、「本葉」は、数日経っても「枯れる」ことはない。この事実にも「?」「!」の子どもたちだった。すると、「あっ！　そうなんだぁ！」「〝赤ちゃん〟の歯が抜けた後には、〝大人〟の歯が生えてくるよねぇ」「朝顔も〝赤ちゃん〟の葉っぱの後には、〝大人〟の葉っぱが生えてくるんだねぇ」と、その後増え続けている「本葉」の存在を発見し、つぶやき合いながらも納得していった。

「抜け落ちた〝赤ちゃん〟の歯」に、興味・関心を示した子どもたちは、「いろいろな形の歯」の存在に気づき、「いろいろな動物の歯の形」への関心を深め、それらの食性の〝ちがい〟を見つめ、『人間』と『動物』の成長の〝ちがい〟をも見つめていったのだ。この一連の学習活動は、「学級通信」を通して親御さんたちに伝えていった。すると親御さんたちは、インターネットで獲得したさまざまな情報をも紹介してくれた。これらを学習材にして、「拡がりのある」学び合いへと発展させることもできた。最終的には「世界各国の『抜けた乳歯の処理の風習』」までもカード化され、保護者と共に創りあげた学習材が誕生したのだ。

この学習は、その後の国語学習「どうぶつのあかちゃん」で、子どもたちの大きな関心を惹きつけると同時に、「人間」と「動物」の成長の過程や成育環境の〝ちがい〟をも認識できるような「深まり」と「拡がり」のある学習へと発展させることもできた。

子どもたちには、一つひとつの「事実」を丁寧に見つめさせたいものである。そして、「事実」と「事実」を「つなぎ合わせて」認識を育みつつ、実感のこもった〝学び合う力〟を育てていきたいものだ。

◆つながる「いのち」を見つめ合った〝学び合い〟

私の職場の南側には、一面に田んぼが広がっている。子どもたちは、一年生の頃からよく校外学習で出かけていた。三年生になった子どもたちとも「春の生きものたんけん」に出かけた。すると、田んぼで捕まえてきた「生き物」の飼育活動が自然に始まる。こんな子どもたちが、「先生。ヘンだヨ!?」「理科の教科書には、虫は〝卵⇩幼虫⇩さなぎ⇩成虫〟って書いてあるのに……?」「〝卵⇩幼虫⇩成虫〟で終わっちゃうのもいるよ!」と、〝ちがい〟に気づいたのだ。「そう言えば、そうだ」「ヘンだ! ヘンだ!」を繰り返していた子どもたちだった。さまざまな昆虫と触れ合った体験を生かした話し合いから、子どもたちは、次の三種類が「ある」ことを発見した。

❶卵⇩幼虫⇩さなぎ⇩成虫（カブトムシ・クワガタ・トンボ・テントウムシ・蝶等）
❷卵⇩幼虫（成虫と同じ形）**⇩成虫**（スズムシ・カエル・カマキリ・バッタ等）
❸卵⇩子ども⇩大人（ヘビ・鳥・魚・カニ・カメ・トカゲ・哺乳類等）

こんな「発見」をした頃、国語・説明文「ありの行列」を学習した子どもたちは、下校途中などにアリの行列を見つけては、どうしたら行列を〝壊せる〟かに関心を示していた。教科書の叙述から、いかにしてアリが臭いを出し合い「列」を作っているかを、識ったからだ。だから、どんな条件なら、この「行列」に混乱を持ち込むことができるかに、こだわっていったのだ。

ところが、連日の放課後での子どもたちの実験報告から、「アリが鳥の死体を喰っていた！」との「新発見」が登場してきた。「アリが鳥を喰う！」――これは、子どもたちにとっては大いなる驚異の世界だった。

しかし、子どもたちが触れてきた「田んぼの生き物の世界」では、
＊ヘビ ⇩ カエル ⇩ クモ ⇩ 小さな昆虫
＊白鷺 ⇩ ザリガニ（フナ・ドジョウ・タニシ）⇩ カエル ⇩ クモ ⇩ 小さな昆虫
こんなことも識っていたから、「食物連鎖」の関連性を感づいていた子どももいた。意気揚々と語りかけてくる子どもたちの指摘を受けて、「ああッ！　そうなんだぁ！」「〝いのち〟が〝つながっている〟んだぁ」と、すぐに気づけた。

子どもたちは、実に多様な「つながり」のある「興味・関心」を教室に持ち込む。こうした「興味・関心」を整理し、子どもたちに「つながり」が見えてくる視点を提示していくことがポイントだ。すると、子どもたちは、ごくごく自然に仲間と「つながり合い」ながら〝学び合い〟を創り、育てていくものだ。

3 〝つながり合う〟生きる力を総合的に学び合う

とにかく、学習面でも生活面でも、「やればできる」力を持っているにもかかわらず、「ウザイ！」

「むり～ぃ！」と、「シンドク」「ツライ」課題から逃れたいという想いを抱いていた子どもたちが少なくなかった三年生だった。ネガティヴな感情や想いを適切に表現できず、「怒り」をコントロールできなかった。常に、攻撃的な言動に終始していた子どももいた。こうした子どもに、「安心」「安定」に支えられ、心身全体を〝ゆったり〟と〝心地よく〟「委ねられる」想いを育てつつ、仲間や教員との関係性をどう育てたらよいのかに、腐心していた。

二学期になってからのある日、自分の「怒り」をコントロールできず、ついに仲間の一人に鼻血を出させてしまうトラブルを起こしてしまった〇君に、ほかの子どもたちが、「〇さん。もう、これ以上のケンカは止めてください！」「もう、学校に来ないでください！」と、つぶやきだしてしまった。さっそく、学級全体での話し合いに取り組んだ。すると、「〇さんにも、いいところがあるよ」「理由を言えば、暴力はしないよ」「でも、〇さんには、いいところが少なくて、悪いところばかりだよ」と、話し合いが進んでいった。ところが、話し合いの途中にわかに、ある子どもが泣き出してしまった。「だって、同じクラスの友だちに〝学校に来ないで〟なんて言ってもいいの……⁉」と泣きじゃくり出したのだ。意外な展開に、子どもたちは戸惑いつつも、彼の感受性を素直に受け止め、しごく納得してしまった。そして、最後は、〈□さんは、友だちのために泣けて、スゴイ！　友だちってとっても大切なんだ！〉と、子どもたちは結論を引き出したのだ。

ここで、改めて子どもたちは「仲間」と「つながり合う」ことの価値を感じ取ってもいた。そして、仲間との〝ちがい〟を解り合い、共に生活を創り、育てていくことの「価値ある生活づくり」を確かめ合っていくこともできた。

国語では文学教材「ちいちゃんのかげおくり」を学んでいた。学習後にビデオ『火垂るの墓』を鑑賞した。子どもたちは食い入るように観ていた。鑑賞後、感想を出し合っていたら、「親戚の人は、最初はやさしかったし、親切だった」「〝助け合っていこうね〟って言っていた」「でも、だんだん戦争が長くなって、ひどくなって、食べ物がなくなってきたら……」「いじわるになって、兄妹のご飯を横取りしてしまった」「えこひいきや差別もするようになった」「戦争は、〝自分勝手〟な人を作ってしまう」と、述べ合っていた。つまり、「戦争」は「人間を〝変えて〟しまう」が、子どもたちの結論だったのだ。

日常的に「自分勝手」な言動の多い数人の仲間の存在を意識していた子どもたちだからこそ、大きな実感を伴って解り合うこともできた。と同時に、「平和」とは、一人ひとりの仲間の〝ちがい〟が解り、共に「つながり合って」生きていくことであると学び合うこともできた。

この学び合いから、子どもたちは「三年三組・平和賞」を設置し、学級内に「平和」を創り、育てる運動を創出していった。空気のような存在としての「平和」を「創り、育てる」ことの〝むずかしさ〟を感じながらも、三年生修了時まで、この課題を実に意欲的に追求し合っていったのである。

ナビ3

二度の経験によって問いが生まれる

◉神奈川工科大学　田辺　基子

総合学習とは、ただ学校外での活動や調査を子どもまかせにするものではない。はじめに教師（集団）が、学ぶべき価値のあるテーマや、見えていなかったことが見えてくる魅力ある題材、いま子どもたちに経験させたいことなどを、子どもたちの生活に根ざしつつ模索することが、重要である。「現代社会を生きていく上で、切実な課題性をもつ総合的なテーマ（栗原実践）」、「幼いながら何気ない子どもたちの『問い』の中に隠れている本質を、対話で衣を剝ぎ取りながらテーマに立ち上げていく（中山実践）」、「本当の総合学習は子どもの興味関心に結びつく対象をタイムリーに追うところから生まれる（北川実践）」「子どもたちに『つながり』が見えてくる視点を提示していくこと（小川実践）」……というように、総合学習としてのはじめの「問い」は、教師の中で熟成され吟味される。まずは、教師自身が、地域の自然環境や生産労働を見つめ、そこにかかわる人々に共感する学習者なのだ。

この第2章－3の五実践の教師たちは、最初の段階で「問い」が生まれるような体験を仕掛け、思い切り五感で知ることを大切にしている。そして教師にいざなわれ、とりあえず出てきた疑問から調べ学習にとりくむ中で、今度は子どもたちが次々と自分自身の「問い」を生み出し、次の学習の扉が開かれる。「上流ではきれいな水なのになぜ自分たちの目の前の川は汚れているのか」「山の枯葉はどこへ行ったのか」「なぜクマは山から下りてきたのか」。さらには、「山を下りてきたクマを駆除するのは仕方のないことなのか」「どうして最初から自然のままの川岸にしておかなかったのか」といった、教師の予測を超える「問い」も出てくる。

栗原実践では、教師が「体験が問いを作り、問いを解く鍵も体験の中にある」ことに気づいた。体験して調べたくなったことを探求していく中で、「(大蔵大根は)なんでこんなにおいしいのにあまり売っていないのだろう?」という問いが生まれ、実は太くて抜きにくい大蔵大根を掘り、丸ごと持ち帰ったという初めの体験が重要な意味をもっていたことがわかってくる。中山実践でも、四季を通じて庄兵衛沢で遊んでいた子どもたちが、川が見えないほど積もっていた枯葉がどこへ消えたのかを考え始める。本物の「問い」が生まれるためには経験が二度必要であるようだ。そしてこれらの経験は、その学年(学期)での学習課題として意味があるだけでなく、その数年後の教科学習や別の総合学習にとってみれば、一度目の経験としての意味を持つのではないだろうか。

また、それぞれの実践に登場する専門家たち、すなわち子どもたちが共感し尊敬できる人や、自分にはなかった世界観を持つ人との出会い、彼らの励ましや期待が、次なる世代としての使命感をともなった、新たな深い「問い」を生む。だからこそ、そうした「人」や「人の生き様」との出会いをコーディネートする教師の役割が決定的に重要である。

地域や地球の未来につながる本物の「問い」を子どもたち自身が発する総合学習は、マニュアルでは創れない。子どもたちが失敗しながらも「自分の体で感じ、自分の頭で考え、自分の言葉で表現すること」(中山実践)を保障する必要がある。また、一度目の体験では「学習の成果を求めることからは、なるべく遠ざけ」て五感を使い、その後のグループごとの調べ学習では「一つの研究としては不十分であっても、それらを総合し共有する」ことで学習の成果を見出すこと(齋藤実践)が大切だ。正解に向かって直線コースをたどるのではない、本当の「ゆとり」のある実践を各地で生み出したい。

4 地域とのつながりで拓く「学びの道」

1 実践

湖から産卵にあがる魚からの黄信号

◉福井・若狭町立みそみ小学校 谷保 裕子

五月の、雨がたくさん降った日。職員室の窓から外をながめながら校長先生が「今晩は、川にフナがいっぱい上がるぞ！」とおっしゃる。校長先生は地元出身で、子どもたちにとっては優しい校長先生でありガキ大将的な存在でもある。学校のすぐ近くのその川は、湖（三方湖）に流れ込んでいる。川は田んぼからの排水路だ。校長先生の話によると、雨で増水した夜には、フナが田んぼを目ざして産卵に上がってくるらしいのだ。その夜、私は校長先生とフナとりに出かけた。

1 田んぼにフナがいっぱい！

次の日、校長先生と私で捕ってきた四〇センチもあるフナを六年生の教室に持ち込む。「すっげえ。でっかい。なんで、このフナは川にあがってきたんかな」

さっそく、みんなで水路に出かけた。もう水はすっかり引いてフナの姿はない。が、突然、校長先

田んぼでフナを捕まえる

生が何か叫びながら走って行かれた。みんなでついて行ってみると、なんと田んぼにフナがたくさんはねていた。そこで田植えがすんだばかりの田んぼに入り、浅い水の中で横になってピチピチはねているフナを捕まえた。二、三〇匹はいたと子どもたちは興奮していた。

その数日後また雨が降った。今度は学校のすぐ近くの水路にたくさん泳いでいるのを発見した。大騒ぎしながら水路に入り、長靴の中を水浸しにしながらフナを捕まえた。いつも朝マラソンをしているコースのすぐ横の水路でこんなおもしろいことがおこっていたなんて！　この日も大漁。フナの重みをずっしりと感じながら帰ってきた。

2　フナを料理し、生命力を体感

学校に持ち帰り、さっそくフナを料理する。もちろん指導は校長先生。学校の玄関にまな板や包丁を持ち出し、大きなフナをさばく。理科で、魚の体のしくみについての学習内容があるので、長い腸や浮き袋を実際に手でさわり確認する。どのフナもたくさん卵を持っていた。やはり産卵にあがってきていたのだ。

校長先生に刺身にしてもらい、すぐその場で醤油をつけて食べた。「うまい！」また、以前は「フナ豆」にしてよく食べていたと教わる。そこで、地域のおばあちゃんにフナの煮物の作り方を習い、二日間かけて煮物にも挑戦した。

●調理している時のことが印象に残っている。それはフナの生命力だ。フナは体を切られているにもかかわらず、まだ動いていた。卵の吸着力もすごく、出てきたときは軟らかいが、時間が経つと、そこらじゅうにくっついて後かたづけが大変だった。このことから、フナの生命力は強いということが学べた。

●水が少なすぎて横たわっているフナをたくさん見かけた。少しの水たまりがあると、そこにたくさんフナがいた。ひからびて死んだフナもいた。トンビはあの田んぼの上でいつもフナをねらっていた。フナは、命がけで産卵に来るのだ。

●昔は田んぼに水を引くために溝があった。今ではパイプになっており田んぼにフナが行けなくなっている。なぜあそこだけにフナがいたのだろうか？　それが疑問だった。

3　伝説の田んぼは稚魚の宝庫

この授業のまとめをして生まれてきた疑問は、「なぜ、あの田んぼにだけフナがたくさんあがっていたのか」である。これを確かめるために、また田んぼに出かける。

まず、湖と水路、田んぼがつながっていることを確認する。しかし、今の田んぼは圃場整備されているため、水路とはパイプラインでつながっていて、フナが入れない。その田んぼにだけは、手で切った土の溝があり、フナが入れるようになっていたのだ。子どもたちは、この田んぼを「伝説の田んぼ」と名づけた。フナが産卵する田んぼは県内でも珍しい。子どもたちは興奮状態であった。

「伝説の田んぼ」で、フナの稚魚は育っているのだろうか。調査が始まった。湖とつながっているので、たくさんの稚魚が確認できた。フナ、メダカ、ドジョウ、ボラ、ウグイ、ウキゴリ……。子どもたちは、「伝説の田んぼ」を誇らしく思い、「いつまでも生き物の楽園であって欲しい」「こんな田んぼが増えて欲しい」という願いをもった。

校長先生の話によると、大きなナマズもあがってくるそうだ。ふだんなら雨が降る日はつまらないものだが、子どもたちの反応が変わってくるのがおもしろい。「やった。雨や。先生、今晩ナマズ捕りに行こう」

夜八時に学校に集合。校長先生を隊長にさっそくナマズ捕り大作戦を開始する。しかし、ナマズはとても敏感でかしこい魚だ。何人もの子どもが水路わきを歩くからか、全く姿を見せない。しかたなく田んぼに懐中電灯を照らしていると、たくさんのプランクトンが集まってくる。それを食べにドジョウの稚魚も顔を出す。田んぼは水が温かく、安全で、エサのプランクトンも豊富だ。魚たちが田んぼに産卵する理由が分かる。

ナマズをあきらめかけた頃、遠くで校長先生の声がした。走ってゆくと、校長先生の網の中に大きなナマズが入っていた。大歓声。さすが校長先生は技がちがうとしきりに感心する子どもたちだった。

4　コイヘルペスと「小ブナと大ブナ」

五月のある朝のこと。三方湖でもコイヘルペスウィルスに感染したコイが発見されたという記事が新聞に載った。毎朝、朝の会でニュースなどを発表しあっているが、この日の教室は、朝からこの問題で騒然となった。

「私たちが食べているフナは大丈夫？　コイヘルペスって、私たちにもうつるの？」「三方湖は、今どうなっているの？　漁師さんは困ってらっしゃるだろうな」

湖に出かけてみると、やはりコイヘルペスに感染したらしいコイが浮いていた。さっそく、いろいろな人に手紙を書いて、問い合わせた。中でも子どもたちが最もショックを受け、心を動かされたのは、三方湖で漁師をしながらウナギ料理店を営む吉田良三さんのお話をうかがったときだ。吉田さんは、三方湖の生物についての研究や観察、浄化活動も、長年続けていらっしゃる。

「この病気は外国から人間が持ち込んだ。ヘルペスという病気は人間でも高ストレスの時に発症しやすい。ここまで悪化したのは、水質汚染も影響しているのではないか」と言われた。子どもたちの表情がこわばっていた。

「でもみなさん、ここで絶望しているだけではいけないんです。人間には考える力があります。生態系の輪を壊したのも人間なら、作り直すことができるのも人間なんですよ」ともおっしゃった吉田さん。子どもたちはこの言葉を受け止めた。

コイヘルペスを出したのは、私たち人間と分かってびっくりした。私たちは他の生物に比べて汚すことが多い。だけど、そのかわり、考える力もたくさんある。私たちはまだ子どもだけど、子どもとか大人とか関係ないかもしれない。私たちにできることをやりたい。離れてしまった生態系の輪をつなぎ直すのは私たちの役目。私の今一番やりたいことは、コイヘルペスのことをもっともっと知ること。

校長先生や家の人の話を聞いていると、また疑問がわいてきた。昔は、一五センチくらいの小さなフナばかり捕れたという。けれども、今捕れるのは四〇センチもある大きなフナばかりである。なぜだろう？

図鑑などを調べているうちに、これは、フナの種類の違いではないか、という予想が浮かんできた。また吉田良三さんにお話をうかがった。子どもたちは次のようにまとめた。

昔いたフナと今のフナでは、種類が違うことが分かった。キンブナとギンブナ。

今、たくさんいるのは、ギンブナだ。これは水質汚染に強いフナで、二、三年という短い間で三〇センチという大きさになる。漁師さんたちが毎年放流している。

キンブナ。（これは地元の人の呼び方で、正式にはナガブナ。）昔の三方湖にいたのはキンブナばかり。でも今は、ほとんどいない。弱点は、水質汚染に弱いこと。一五センチまで育つのに五年以上かかる。そのキンブナが減ってしまったのは、なぜか？

一つめは、水質汚染。生活排水や農業排水が三方湖を汚し、キンブナの住めない環境にしてしまったのだ。二つめは、圃場整備。魚は田んぼにあがれなくなり産卵ができなくなった。三つめは、稚魚の育つ場所がないこと。湖の護岸工事で水草がなくなり、稚魚は育たない。湖にアオコが大発生し、酸欠状態だ。

私たちのせいで、三方湖水系からキンブナが絶滅してしまうかもしれない。

「でっかいフナとれた〜！　やった〜！」と喜んでいたけれど、実はうれしいことではなかった。昔、どこにでもたくさんいたキンブナは、今はほんの少ししかいなくて残念。「幻のキンブナ　⇩　ふつうにどこにでもいるキンブナ」、早くこうなって欲しい。

青信号への道（まとめの作文）

どんなに小さいものでも、自分なりに精一杯生きています。フナは、子孫を残すために、命がけで水田までやってきます。生き物は生き物で精一杯生きています。私たちも精一杯生きたいです。

でも、だからといってなんでもかんでも人間の都合のいいようにするのは、精一杯生きるのとちょっと違うと思います。

コイヘルペスについて勉強して、人間がこのウイルスを蔓延させたということを知りました。コイのせいで「三方の観光が危うくなる」と思っていましたが、それはちがいました。コイは犠牲者だったのです。本当にショックでした。キンブナが少なくなったのも、水質汚染や圃場整備、護岸工事などが原因です。人間に便利なようにしてきたことが、これらの悲しい結果を私たちにもたらしました。

湖の魚たちが、私たちに「このままじゃいけない」と黄信号を示しているのだと思います。

でも、人間は、生態系の輪を作りなおす力をもっています。少しでも、努力できる力をもっています。これを、実行に移すことが、黄色信号から青信号へ向かう、「最初の第一歩」なのです。

5 学びを地域に発信

この学習内容を、プレゼンテーションソフトにまとめ、校区の人を対象に「環境学習発表会」で発表した。また、町内の高学年が集まり学習の成果を発表し合う「みかた環境フェア」でも、全体会で発表する機会を得た。聞いてくださった大人の参加者からも、たくさんの感想が届いた。「黄信号の現状を青信号の将来へつなげていきたいというメッセージがはっきり伝わる発表内容でした」「感動して涙が止まりませんでした」「大人もがんばらなければ」。参加者が一体になって、町の未来や生き物のこと、命の大切さを考えられた、いい時間だったと思えた。

冬休みに入った一二月二四日。総合学習のまとめに、みんなで吉田さんのお店へ、うなぎ丼を食べに行った。三方湖の固有種「くちぼそ青うなぎ」は吉田さんの自慢だ。子どもたちにとって吉田さんとの出会いは大きく、この日をずっと楽しみにしていた。うなぎが苦手と言っていた子も、「おいしい。また来たい」と喜んだ。やはり吉田さんのうなぎ丼は最高だった。

「明るく楽しい環境学習」をめざしていたが、結局、初めと終わりは私らしく「おいしい環境学習」となった。

（この報告は、前任校・三方町立第一小学校（現・若狭町立梅の里小学校）での実践をまとめたものです。）

2 実践

自然を守る活動をしている人から学ぶ

◉山口・光市立島田小学校　洲山　喜久江

1　環境学習をしていくにあたって

校区の環境について学習をしていくにあたって、次の四点を学習の基本とした。

❶自然や環境問題を体験的に捉える…校区を流れている島田川の伏流水が水道水として利用されている。そのため、光市の水道水はおいしくて安いと言われている。この水道の学習から始めて、水、田んぼ、川とつなげて、地域に残されている自然を楽しみながら、体験し発見していきたい。

❷地域の環境問題に明るい未来を見つける…環境学習では、環境破壊の面に視点が当てられがちであるが、「環境を守る」と言うとき、破壊されることへの悲しみより、自然の豊かさを守る願いを持つという明るい視点で考えたい。

❸自然や環境を守ろうと活動している人たちの生き方について知り、自分の生き方について考える…これは、地域の環境問題に取り組み、明るい未来を語ることのできる人を発見するということである。そして、学習を通して、人間や人間がつくっている地域・社会に信頼や展望の持てる子どもた

ちになってほしい。

❹子どもたちの自然に対する感性に学ぶことを通して子どもと共に学習をつくっていく…島田小学校

の校区の林地区には、浄水場がある。林浄水場では、毎年六月に、川や水の大切さを市民と共に考える催しとして「水道まつり」が開催されている。だから、校区には、島田川に関係する施設や人々も多いであろうと考えて、水道をとっかかりとして四年生の環境学習を進めていくことにした。そして、子どもたちと学習を始めたときに、奥田賢吾さんという人に出会った。この学習は、山口生物学会・淡水魚研究会の会員であり、島田川とその流域の生き物を主に描いている画家である奥田さんと共に活動し、学んでいったものである。

まず学校の水道の仕組みについて興味を持った子どもたちが、排水パイプの数を数え始めた。しかし、学校の水道の仕組みってよく分からないなあと困っているところに、ちょうど水道工事に来ている業者の人を発見。「島田小学校の水道の仕組みが分かるでしょうか」と問うと「大丈夫、わかるでしょう」という優しい返事。「この業者さんの所に行ってみない？」と子どもたちに提案すると、八人が希望した。そこで、放課後、担任二人と合わせて一〇人で住久設備に出かけることとなった。

社長の川本さんは、「人間にとって大切なものは、命と水」「伏流水を使えることになったため、浄化施設が少なくてすみ、空いていた敷地に親水公園を建設中」ということを教えてくださった。「明日、メダカの放流をするよ」「行ってもいいですか」「どうぞ」ということで、あっという間に「親水公園」とやらに行くことになった。

▽2 奥田賢吾さんとの出会い

六月一日。前日の成果を報告後、親水公園へ出発。一一時から始めると聞いていた放流は、もう始まっていた。でも、子どもたちが到着すると、二回目をやらせてくださった。そこに画家の奥田賢吾さんも来ていて、この日放流した魚は、みな奥田さんが採集してきたものだということを知った。私は、奥田さんの環境問題に対する発言を時折新聞等で目にしていたし、昆虫や淡水魚など川に生息する生き物を描いている画家で、もちろん生き物の生態にも詳しいことはこの地域では有名であるということも知っていた。しかし、実際に会うのは、はじめてだった。それなのに、初対面の私たちに「子どもたちが来ることがわかっていたら、もっと魚をたくさん用意するんだった」「呼んでもらったら、いつでも学習に協力します」という優しい言葉をかけてくださった。「子どもたちの学習が進んできたところでお願いをさせてください」と返事をしたところが、「学習が進んでいなくても、いつでも行きます」。これにはびっくりした。私はこれまでも、社会科の学習で地域の人を訪ねたり、お願いして学校に来ていただいたりしてきたが、こんなに子どもたちの学習に積極的に関わろうとする人ははじめてだったのだ。

奥田さんをはじめ、水道局やライオンズクラブの人などたくさんの大人たちがボランティアで公園をつくろうと活動をしている。こういう現場を見聞することは学校にいてはできない学習だった。そして、この時から、奥田さんとの学習がスタートしていったのである。

それから一か月余りたって、奥田さんと連絡がつき、六月一三日、林の田んぼで落ち合った。林の田んぼは、浄水場と同じく島田川の伏流水をポンプで汲み上げて使っているということをすでに教えてもらっていた。「水道水と違うのは、消毒をしていないことだけ」という説明が納得できるほどきれいな水が水路を流れている。奥田さんは、もう先に来て田んぼを回っていた。田んぼのあちこちにヘビがうようよといた。

奥田さんはまず、強い生き物が弱い生き物を食べる食物連鎖について話された。ヘビがいなくなると、カエルが増えすぎて、小さな生き物が減ってしまうということを知る。水路がコンクリートで作られる前には、もっと生き物がたくさんいたことも語ってくださった。

そのあと、ホウネンエビ、カエル、メダカ、イモリ……もっともっと、と田んぼでの生き物捕りを楽しんだ。生き物は捕っても捕っても捕り切れなかった。水路がコンクリートになる前は、どれほど生き物がいたのだろうかという感想も出たほどだった。

3　二学期は島田川へ

その後二回ほど学習につき合って下さった奥田さんが「またやりましょう」と言って下さり、三回目は河口のカニを学習することになった（四回目、五回目と河口から川をさかのぼって行くことになる）。九月、約束の時刻に河口に行くとやはり奥田さんはすでに来ていて、スナガニの穴に目印の棒をたくさん立てて待っていてくれた。そして、スナガニ、コメツキガニ、アシハラガニ、ハクセンシオマネキ、チゴガニの生態について、実際に採集しながら教えてくれた。その様子を見て、近くに住んでいるおじいさんも出てきて、「昔はカニがたくさんいた」と話していた。河口の干潟が以前はもっと広かったという。今は埋め立てられ、道路が整備され、セメント工場が建っていたが、それでもカニたちは残された狭い干潟で、棲み分けをして健気に生きていた。学校に帰ってから、図鑑でカニのことを調べて発表し合った。でも、奥田さんが教えてくれた方がうんと詳しかったけれど。

一〇月（四回目）は、ゴミ、魚、石、草など、それぞれのテーマごとにグループに分かれて、河口より一キロメートル上流で観察を行った。ところが、魚は一向に捕れない。その日は奥田さんと事前に連絡がつかず諦めていたのだが、ひょっとしたらと思い携帯から電話するとつながった。「今からすぐ行きます」ととんで来てくれた。着くなり胸まである長靴のようなものを履くと、網で魚をどんどん捕まえてくれた。「魚は隠れているので、そっと石をどける」「流れに逆らって逃げるので、川上のほうに網を置いておく」。そのコツを聞いてからは、子どもたちも、次々に魚を捕まえることができるようになった。奥田さんは、川の中を自在に移動して、大きなチヌ、ブルーギルも捕まえていた。

一一月（五回目）、かなり川の水も冷たくなってきたので、全員で行く島田川探検もこれで終わり。「草グループ」は、スイバを食べることになっていた。校区の一番端にある木下橋の袂の川原でスイバを探すのだが、下水が流れ出しているところばかりに生えている。不思議に思って、草グループが奥田さんに尋ねると、こう答えてくれた。「下水には、栄養がいっぱいあるから、草がよく育つんだよ。でも、川には栄養が余りありすぎては困る。だから、川原の砂が止めてくれているんだ」「潮水は、ここまで入り込んでくる。木下橋より上流が真水で、下流は両方が混ざっている」「対岸の小さな湾のようになっているところは、アユの産卵場です」。初めて知ったことがたくさんあった。一一月～一二月は、それぞれのグループで探検のまとめをした。

4　学習のまとめを紙芝居に――奥田さんへの報告

奥田さんに興味を持ってきた子どもが、グループのまとめをするために奥田さんに会いたいという意向を私に伝えてきた。そこで、何とか連絡を取って、絵画教室にお邪魔することになった。

はじめに、新しく川に架けられる橋や川の石について調べている二人が訪問した。教室には珍しいものがわんさとあった。橋についての質問がすむと、早速「これは何？」と興味のあるものから聞いていった。その中から、島田川の上流で死んでいたサルの頭蓋骨と、外国の化石、フクロウの剝製を借りて帰った。翌日それを発表すると、さらに「行きたい」という声が挙がった。次に訪問した子どもたちは、絵画教室を眺め回し、開口一番「冷蔵庫はどうしてないん？」と聞いた。珍しいものがいっぱいあるのに、子どもたちの生活に一番身近で一番必要な電化製品がないことを不思議に思ったのだ。その答えはこうだった。「アルク（スーパーマーケット）が冷蔵庫だよ。必要なときに必要なだけ買うから、冷蔵庫は要らない。たくさん買って冷蔵庫にためておくと、忘れて腐らせたりするからね」。原子力発電に反対しているので電気を無駄に使わないようにしていることにも言及した。環境を守るという生き方は、冷蔵庫を持つか持たないかということにも現れているのだった。

子どもたちは、ゴミ、魚、鳥、石、草などのテーマで学習のまとめをしていたので、私の方は子どもたちと奥田さんとのやりとりを紙芝居にまとめることにした。

〈紙芝居の内容〉　題　「奥田賢吾さん」（抄録）

●はじめに、奥田賢吾さんに関係のある数字です。
①一九四二……これは奥田さんが生まれた年です。
②四九……四九歳の時、もう一つの仕事をやめて、画家の仕事だけするようになりました。
③二〇〇……これは、魚捕りをする回数です。一年の半分以上です。
④一五〇……これは、描く絵の数です。一年で一五〇枚です。
●次は、奥田さんにないものです。
①テレビ……天気予報は、奥田さんのほうがよく当たります。それは、一人で山に行くから、空をよく見て、天気に気をつけているからです。でも、新聞は五つとっています。
②苦手……興味のあることは、とことんやってみるので、苦手なことはありません。本当は、「苦手なこと」って考えたことがないという方が正しいです。走るのも、野球も、得意です。算数も好き。
③きらいな虫……どんな虫でも、よく見てみると、工夫して一生懸命生きているから、はじめは「いや」と思っていても、きらいじゃなくなります。
④休み……仕事は休みません。風邪も引かなくて、元気です。よく、川とか山とかに行っているから、体がじょうぶなんだと思います。ほかにもないものがあるかもしれません。
⑤学校の先生……小さいころの夢は、「学校の先生」になることでした。その夢は半分かなっています。

だって、絵の先生だからです。学校の先生だと、魚捕りをしたり、絵を描いたりする時間が減るから、やっぱり画家の方がいいかもしれません。みなさんはどう思いますか。

一月、奥田さんをはじめて学校に迎えた。魚やゴミ、草などについての発表を聞いてもらい、奥田さんにいろいろな質問をした。二月には、雑草を天ぷらにして食べた。

〈奥田さんへの手紙〉

●……先のことを計画を立てていたのがすごいと思います。だって、あんまりそういう考えをする人はいないからです。だって、ふつうならリストラとかでやめてから、違う仕事をしようと思うから、みんなと奥田さんはちがうからすごいなと思いました。

●奥田さんはすごい人だと思います。なぜかというと、質問をした人の答えをすぐ言って、いっぱいしゃべっているのですごいです。今度来るときは、天ぷらをするといったのでうれしかったです。ぼくもスイバやタラの芽を自分でとって食べたいから、奥田さんのお手伝いをしたいです。

はじめに書いた通り奥田さんとの出会いは、偶然だったが、もし住久設備に行っていなくても、学習をしていくうちに、きっとどこかで出会っただろうと思う。学習での「ヒト」との出会いは、偶然のように見えるが、本当は必然的に出会うべくして出会っているように思う。環境学習をしていると、きっと、環境を守る活動をしている「ヒト」と出会うことができる。

3
実践

人々の願いを感じて
——尾鷲の山、ヒノキ、熊野古道

◉三重・尾鷲市立尾鷲小学校　矢賀　睦都恵

▽1　実現にかける願い

周囲を山に囲まれた尾鷲にとって、林業は昔から生活を支える大事な仕事だった。現在でも尾鷲のヒノキは、特産品として名を響かせているものの、林業は衰退の一途をたどり、後継者不足も否めない。しかし、そこには必死に切り開こうと努力している人々がいる。山を通して、地域の活性化に奮闘している人々がいる。何とかして子どもたちをそんな人々と出会わせたいとずっと思っていた。四月、五年生の担任になったとき、クラスの保護者に森林組合で働く二人の方がいることを知り、チャンスだと胸おどった。宮田さんのお父さんは、山の仕事をするためにわざわざ名古屋から来たということだった。大形さんのお母さんは、円柱加工場で男の人に交じって一人働いていた。そして、ヒノキシートを使った工芸活動のNPO法人を立ち上げている地域の池田比早子さんもいっしょに学習を支えてくれた。

また、尾鷲の山がFSC認証（国際組織「森林管理協議会（FSC）」の認証制度で、「持続可能な森林経営の指標」に従って森林経営が行われているかどうかを検査・認証する）を受けていることや、森林組合が環境に配慮した木の育て方をしたり、販売や製品の生産までFSCの理念に基づいて行われたりしていることなどを学び、環境を守ることの大切さや、人と自然のつながりを考えさせたいと思った。社会科の学習とも重ねながら、私たちの身近にある山を守ることが、ひいては海を、私たちの生活、そして未来を守ることになると見通すこともできるにちがいないと考えた。

さらに、世界遺産登録が決定した熊野古道の歴史的意味を調べたり、熊野古道で地域興しをしたいという人々の強い願いや努力にふれてほしいと考えた。

単元を通して、山にかかわる地域のいろいろな人と出会う中で、人々が厳しい状況に屈せず、仕事に情熱と夢を持ち、地域の未来を思い、前向きに生きるエネルギーを感じてほしいと願った。

尾鷲のヒノキ林（写真提供：尾鷲市林業振興協議会）

2　森林組合の仕事を調べよう

◆伐採作業見学

まず、森林組合の伐採作業を見に行った。クラスの宮田さんのお父さんが働いている現場だ。作業場は熊野古道馬越峠と一番近く、入りやすい場所である。大きな木が次々倒されていく様子を歓声をあげながら見る子どもたち。その音の大きさ、危険さを感じ取り、質問が次々に出る。「木が自分の方に倒れてこないんですか?」「自分の倒したい方へ倒すことができるよ」「どうしてヒノキばかりなの?」「ヒノキを産業として育てているからね」「音が大きくて、耳が悪くならないのですか?」「耳栓を入れているよ。だから、仲間の声も聞こえないので、お互いの切った木が倒れてこないように、しっかり確認したり相談したりしているよ」

宮田さんのお父さんに答えていただきながら、初めて見る伐採作業にクラス全員驚いた。宮田さん自身も、父親の働く姿を初めて見たという。尾鷲の山がヒノキばかりであることにもぐっと興味を持った。宮田さんは作文に「今まで、体が大きくて、日に真っ黒に焼けて、声もでかいお父さんは恥ずかしかった。今日も友だちに見せるのがいやだった。でも、真剣に木を切っている顔を見たら、すごいかもと思った。友だちが、あのチェーンソー使えるなんてすごいねと言ったから、うれしかった」と書いていた。

教室にもどって、見学の感想・疑問を一人ひとりに書かせ、それを学級全体の課題として整理した。課題を解決するため、宮田さんのお父さんに学校に来ていただくことになった。当日は、クラスで約五〇個の質問をぶつけた。質問に答えていただく中で、仕事の大変さや苦労について、たくさん知ることが出来た。「私たちが伐採している木は二〇年前のもの。いま世話をしている木が五〇年後育った姿を私たちは見ることができない。私たちは、山の未来を考えながら次の世代に仕事をつないでいる」という言葉から、宮田さんのお父さんの仕事に対する責任や、山に対する熱意を感じていた。

ここで新たな課題が生まれる。子どもたちの一番多かった疑問は「切った木はどこに行くのか」ということだったが、「市場に持って行ってせりにかける」という答えをもらい、「市場?」「魚みたいにせり？」「見学したい」という願いがふくらんだ。また、是非自分たちも伐採作業をしたいという願いも強くなる。

◆小径木市場見学

バスに乗り、森林組合の経営する小径木市場に出かけた。六千平方メートルある広大な敷地に、何万本もの木が種類や大きさごとに仕分けされ、次々にせりにかけられている様子を自由に見たり、聞き取りをしたり、子どもたちが走り回る。「先生、松坂から買いに来たんだって」「あんなに大きい木がたったの一八〇円なんて」「誰も買ってくれない木もあるよ」「まっすぐな木や節の少ない木は高く売れるよ」。新しい発見がたくさんあった。そして、次へつながる新たな課題が生まれる。「ＦＳＣって何？」「売れ残った木はどこへ行くの？」

何十年もかけて木を育てることはすでにわかっている子どもたちだから、売れ残った木がたくさんあることに驚く。その売れ残った木が、円柱加工場に運ばれると聞いて、「次は、円柱加工場へ行かなくちゃ」、子どもたちが口々に言う。

◆円柱加工場見学

今度は、山奥なのでバスをチャーターして、やはり森林組合の経営である円柱加工場に行った。円柱加工場は県内でも珍しい。

「なぜ、円柱にするんですか？」という子どもの質問に、「前は売れ残った木は処分されていたけど、せっかく育てた木だ。木を少しも無駄にせず、大事に使い切りたいという思いで、いろいろな工夫と努力を積み重ねた。その結果、角材ではなく、円柱に加工している」と教えてもらった。

隣の大倉庫にいくと、大形さんのお母さんが仕事をしていた。ここでは、加工の過程で生じる廃材をいろいろな形に生まれ変わらせていた。看板になったり、山の土止めの杭になったり、さらには、そのくずで消臭剤やヒノキシートを作ることがわかった。切り取った木を無駄なく大切に使い切るというのがFSCの考えであることも教えてもらった。「一本の木すべてが使える。捨てるところはない」という大形さんのお母さんの話は、子どもたちの心にしっかりと落ちた。

自分たちが苦労して育てた木を大切にしたい、そのために何ができるのか工夫と努力を重ねている森林組合の人々の姿に、子どもたちのヒノキに対する興味がさらにふくらんだ。改めて、自分たちのまわりにたくさんのヒノキが使われていることにも気づいた。

「うちのお母さん、家にまでヒノキを持ち帰って、シートにしたり、なんか作れるものがないんか考えたりしとるんさ。ご飯作るのも忘れてやで」大形さんが言った。それを聞いて、「廃材を使って私たちも何か作ってみたい」と子どもたちが、わくわくし出した。そして、同時に、この円柱が次はどうなるのか、どう使われるのか、と課題が広がった。

◆ヒノキの廃材で作る（ヒノキアートの池田さんに教わりながら）

そこで、ヒノキでいろいろな物を作ってみた。額縁、うちわ、ちょうちん、はちまき、ヒノキぞうり。運動会では「熊野古道」をテーマにした創作ダンスを考え、自分たちで作ったヒノキの小道具を身につけて踊った。ヒノキが身近な物になり、手触り、香りなど五感を通してヒノキの素晴らしさを感じることができた。

池田比早子さんは、地域を活性化させようと、ヒノキシートを使った工芸活動などを行うＮＰＯ法人を立ち上げ、ヒノキのかんなくずなどを使って、次々といろいろな作品を生み出している。「ヒノキも私たちも自然の一部。だから、ヒノキを大事にすることは、自分を大事にすることと同じ。ヒノキからいろいろな物が生まれるように、私たちもたくさんの物を生み出せる力をもっている」という話に、子どもたちは目を輝かせた。ヒノキにかける池田さんの愛情、地域へ光をあてたいという強い思い、何より、そのために動くエネルギーのすごさ。そのパワーには、私も大きな勇気をもらったし、子どもたちも当然、やってみようという気持ちの大切さや、自分たちのためにまわりの人々がどんどん動いてくれるという心強さをしっかりと感じていた。また、池田さん自身も子どもたちから元気をたくさんもらったと言ってくださった。

◆間伐作業体験、ヒノキめぐり、植樹体験

池田さんとの出会いは、学習をさらに進めるきっかけになった。先の伐採作業の聞き取りの中で、子どもたちにも作業体験をさせてほしいとお願いしていたが、危険だからという理由で断られていた。子どもたちがそのことを池田さんに伝えると、池田さんは、何とか子どもたちにしっかり山の仕事とヒノキを感じてほしいと、国土交通省の地域活性化モデル事業の計画を出し、その中で伐採体験を含めいくつかの体験を可能にしてくれたのだった。

市の農林振興課、産業振興課の全面的バックアップで、もちろん池田さんもいっしょに、いろいろな体験をすることができた。まず、間伐作業体験。チェーンソーで切った木の枝を落とした。のこぎりの使い方を教えてもらい、体の方向や体重のかけ方、ひき方などを初めて知った。その後、木を三メートルごとに切る。家を建てるときの基準が三メートルであることも知った。プロでものこぎりで一〇分かかるが、チェーンソーだと二〇秒で切れると聞いてみんな驚いていた。それから、切った木を運んだ。細い木でも重くて、運ぶのに五人がかりだった。子どもたちは、汗をかきかき、腰を曲げて運んだ。

次に、間伐されたヒノキが、どのように姿を変えて私たちのもとにくるのか、「町のヒノキめぐり」をした。製材所、エリンギ工場（ヒノキのおがくずで栽培）、プレカット工場（コンピューター設計）、家具工房（手作りの家具）、内装材工場、ヒノキの住宅をまわった。全体を通して、ヒノキがどのように形を変え、自分たちの生活の中に帰ってくるか、見届けることができた。その中で、働く人の、ヒノキを無駄なく最後まで使い切ろうという精神がどこでも貫かれていることが感じられた。それは、自分たちが自然の一員であるという意識につながった。また、いろいろな仕事にふれ、仕事をすることの素晴らしさや責任を感じていた。

最後に植樹体験。地こしらえをし、大きな穴を掘った。石が多くて、植える作業は大変だった。子どもたちは、二時間で四～五本しか植えることができなかったが、植樹のおじさんは二〇〇本植えると聞いて、仕事のすごさを感じていた。「四〇年後にこの場所に来たい」、みんながそう言い、「尾鷲小学校五年生」の看板を立てた。

3 学んだことを地域に返したい

本校では、毎年三月に「六年生を送る会」がある。子どもたちは、「一年間学んだことをまとめて、劇にしたい」と言った。「たくさんの人に尾鷲の山のことを知ってほしい」と、一番はりきっていたのは、宮田さんだった。

テーマを話し合い「尾鷲の山の良さを、山の仕事の大切さを、熊野古道の素晴らしさを伝える」に決め、自分たちで脚本作りから始めた。衣装も道具も背景もすべて自分たちでやった。送る会では全校生徒に、続く日曜参観会では全校の保護者に見てもらった。今までお世話になった森林組合の人や池田さんなどたくさんの方にも招待状を渡し、来ていただいた。その方たちに「私たちの伝えたいことがしっかり伝わっています」と大きな拍手をもらい、子どもたちは喜んだ。子どもたちの顔には、やり遂げた自信が感じられた。

尾鷲の山の学習を通して、地域の中に入り、地域の人と関わり、その人たちの願いを感じることができた。そして、豊かな自然に恵まれていること、世界中に誇れるヒノキや熊野古道があること、地域のために一生懸命にがんばっている人たちがいること、その人たちは、自分たち子どもにも温かく接してくれたこと、そういう地域の良さにふれることができた。また、地域の一員として、ヒノキ、山、熊野古道の素晴らしさを改めて地域に情報発信していくこともできた。

どれも、自分たちが地域を構成する一員であるとともに、自然の一部でもあることを実感した、素晴らしい体験ばかりだった。子どもたちの心の中に、尾鷲の山が、ヒノキが、熊野古道が、そして大変な現状の中で誇りと夢を持って働くたくさんの人の姿が、しっかりと根を下ろしたことを確信している。

ナビ4

《地域をともにつくる》可能性へ広がり深まるには

◉北海道教育大学岩見沢校　前田　賢次

谷保実践は、川でフナを見つけ教室に持ち込んだことから出発し、実際に地域に出てフナを捕まえ食べる活動を通じて、子どもたちの驚きや発見が次なる追求へと展開していく。ここには、教師の見通しと指導の確固とした方向づけがうかがえる。フナやナマズの生態を追求することが自然や環境の問題追求へ展開する筋道であり、食べるという行為が人とフナの関わりの背景にある地域の文化や歴史との出会いにつながる。ここでは、後者の視点を丹念にくぐらせながら、前者の追求が続けられている。やがて、人とフナの関わり、言い換えれば地域の環境問題へと子どもの問いは展開していかざるを得なくなる。暗くなりがちな環境問題は、地域の環境再生に取り組む人々との出会いによって乗り越えられていく。子どもの感想の言葉「離れてしまった（生態系の）輪をつなぎ直すのは私たちの役目」はこの意味で象徴的であり、このような立ち位置から、関心は水質汚染問題へと向かっていく。

洲山実践ではいわゆる水道学習を契機に、水の起源を子どもたちが丹念に追求しつつ、実際に川をさかのぼるという筋道がとられ、そこで出会う人たちによって、地域の水が織りなす世界の広がりに開眼していく。我が国の生活教育の系譜に位置する戦前の「綜合（総合）学習」の機能的整理を当てはめてみると、谷保実践は「広げる総合」、洲山実践は「深める総合」といえるだろう。

実践ではやがてテーマ別グループ学習によって、多様な探究が展開されている。このような学習形態は、ややもすると形式的・個別学習になってしまいがちなのだが、ここではそうなっていない。学習の終わりに水の起源から分化したグループでの学習成果を共有しつつ、奥田さんの生き方に目を向かせる指導の方向づけがある。

一九七八年から、林業は「産業学習」から姿を消し、現在は「国土の保全」に位置づけられている。矢賀実践は、尾鷲という地域性を重視し、林業という仕事を正面にすえた学習を展開している。見学を通じて「体が大きくて、真っ黒に焼けて、声もでかいお父さん」が「はずかしかった」宮田さんが、その理由を自ら分析しながら、「真剣に木を切っている姿を見たらすごいかも」ととらえ返す場面には、教育的示唆に富む子どもの変容が潜んでいる。地域の生業を産業学習のテーマとし、矢賀実践のように自分にとって身近な人の姿や、間伐や植樹の体験などを通して、生産や労働の有様を共感的かつリアルにとらえさせることの意味がここにある。やがてこのような学習は「四〇年後」の地域の姿に思いを馳せつつ、地域の姿を自ら発信する活動へと展開していく。

都市部にせよ、中山間地域にせよ、それぞれの地域に子どもは生活している。高度経済成長やグローバリゼーションを経て変貌してきた地域には、「豊かさ」と「矛盾」が共に潜んでいる。いずれの実践も、地域の産業の衰退や過疎の問題に対して、見通しの暗さから目を背けず、むしろ意識を持って矛盾に対峙しようとする大人（教師や地域）が、未来を託す子どもとともに、現実の自己の位置に向き合いながら地域の将来像を描き始めている点で共通している。しかもこのパラダイムは、決して偶然の産物ではない。かつて日本社会の基本問題から問題解決学習を模索し構想した生活教育の蓄積の延長線上にこれらを位置づけながら、さらには「地域に根ざす」から「地域をともにつくる」可能性も見て取ることができよう。

5 自分が見え、友だちが見え、自分と世界のつながりが見える「学びの道」

1 実践

子どもの疑問から始まる「からだといのちの学習」

◉東京・私立桐朋小学校　近藤　秀子

▽1　子どもたちの疑問に答える授業を

「先生、来年は八ヶ岳合宿もあるので、四年生になったら性教育はやってもらえるのでしょうか」三年生の個人面談の折、あるお母さんから相談された。その後も何人かのお母さんから、「学校で性教育をきちんとやっていただけると、ありがたいのですが……」と要望された。次の年持ち上がりで担任をすることになったので、四年生の総合学習のひとつの柱として性教育を含む「からだといのちの学習」に取り組むことを考えた。

きっかけはお母さん方からの要望だったが、子どもたちの本当に知りたいことに答える授業を作りたいと思った。この学習を機に、自分のからだに目を向け、からだの仕組みを知り、健康なからだをつくっていくにはどうすればいいのかを自分の問題として考えられるようになってほしい。そして、男女お互いのからだの違いも理解し、これからおこる思春期のからだの変化を「成長」として前向きにうけとめられるようにしたい。人間は、どのようにして生まれてくるのか、一人一人がかけがえのない命を持った存在だということをわかってほしい。そんな願いをこめて、性教育だけにとどまらず「からだといのちの学習」という内容にした。

まずは、「子どもたちの関心や知りたいこと」などを聞いてみて、そこから授業内容を組み立てていこうと思った。「からだのことで、知りたいこと、ちょっと恥ずかしくておうちの人にも聞けないこと、なんでもいいので、疑問に思っていることをあげてみよう」と呼びかけて、書いてもらった。するると、子どもたちは素直な疑問をたくさん出してきた。例えば、「なぜ視力は落ちるのか?」「なぜ歯は生え変わるの?」「なぜ男子にはきんたまがあって、女子にはないのか?」「赤ちゃんはどこからどうやって生まれてくるのか?」「どうして赤ちゃんはできるのか?」などなど。

子どもたちがたくさんの知りたいことや疑問を持っていることに驚いた。しかし自分のからだのことなのだから当然でもある。知りたいことを課題にすえた授業、みんなで知っていることを出し合い、考え合う授業を作っていこうと思った。総合の時間を毎週一時間ずつとって、一・二学期と長期に渡って取り組むことにした。

2 子どもたちの疑問に答える「からだといのちの学習」

四月に入ってすぐ、保健行事の健康診断が始まる。からだの何を検査しているのかを知り、自分のからだを見つめるいい機会だった。健康診断とからめて、子どもの疑問に沿って学習を進めていこうと考えた。具体的には次のような内容になる。

❶尿検査後…「尿の役目」「尿検査で何がわかるか」「尿を作る腎臓について」
❷内科検診後…「自分でも聴診器で心臓の音を聞く」「脈を計る」「心臓の役目」
❸身体計測後…「〇歳から九歳までの成長グラフを書いて考える」「骨について」
❹視力検査後…「目のしくみ」「近視にならないためにはどうするか」
❺歯科検診後…「歯のしくみ」「カラーテスターによる歯垢検査」「自分の歯の観察」「虫歯にならないためにはどうするか」

以上のように保健行事とかかわらせて学習を進めた後、まだ取り上げられていない疑問に答える授業内容を準備した。それは次のようなテーマである。

❶男子のからだ・女子のからだ（外性器、内性器）の説明
❷女の子のからだの変化（乳房が大きくなる、排卵、月経の始まりなど）
❸男の子のからだの変化（声変わり、射精など）
❹どのようにして受精するか（性交）
❺ビデオ『人体・生命の誕生』を観る
❻子宮の中の赤ちゃんの成長（子宮の中の実物大の赤ちゃんの模型なども使う）
❼赤ちゃん誕生のとき（どのように生まれてくるか。体重三キロの赤ちゃん人形を抱く）

❽自分の誕生の時のことを家族に聞き取り、発表する

授業の終わりには、子どもたちに感想や疑問を書いてもらい、学級通信に載せ、感想・意見交換をしながら進めた。家庭にも、通信や懇談会で学習内容や子どもの様子を伝えていき、家庭の理解も得ながら、いっしょに進めていけるようにと考えた。

3 「男子のからだ・女子のからだ」の学習をして

子どもたちは学習のなかで、どのように学び、何を感じ考えていったのだろうか。男女の外性器・内性器の学習をした後、子どもたちはこんな感想を書いてきた。「私は、男の人がなぜ子どもを産めないのか、ずっと疑問でした。でも教えてもらったので、子宮がないからだとわかりました。女の人のこともよーくわかりました。もっともーっとからだのことが知りたいです」。疑問だったことがわかっていくおもしろさを語っている。内性器は見えない部分であり、知らなかったことを知る驚きがあるようだ。「最初はちょっと気持ち悪かったけど、いろいろわかったので、楽しかったです。（ちつ口から赤ちゃんが出ると聞いて）ちょっと赤ちゃんを産むのが不安になっちゃった。男の子はペニスが出ていて、動きにくくないのかなあ～と思いました。ちょっと女の子でよかったかも！」などと、素直な感想が出てくる。通信に載せて読んだあと、「『赤ちゃんを産むのが不安になっちゃった』と書いているけど、大丈夫だよ。お母さんに聞いてごらん」と私から一言加えた。学級通信や授業プリントをもとに、不安や疑問を親子で語り合っていけるといいと考えていた。

男子への疑問も書いてあるので、男子にふってみた。「股のあいだにペニスが出ていて、男子は動きにくくないのかな～という疑問が出ているよ。男子、どうなの？　女子に教えてあげて」と言うと、すぐに、「全然そんなことないよ。平気だよ」「あたりまえじゃない。生まれたときからあるんだから、ふつうになってるよ」と、元気に答えが返ってきた。女子はそれを「へえ～」と驚きで聞いている。このように明るく語り合いながら、お互いを理解しあうことができる年代なんだなと改めて思った。

新しいことを学ぶと、また、新たな疑問が出てきて、感想の中にどんどん書かれていった。「男の人と女の人が結婚すると、どうして子どもを産むことができるんですか」「卵子は月に一回できるけど、いらないのはどうやって出すの？」などなど。「この疑問については、次の授業でやるからね」と私は約束し、子どもたちは次の授業にまた期待をふくらませていった。

前回の質問につながることもあるので、まず「女子のからだの変化」を学習した。その授業を子どもたちは、次のように受け止めていた。

〜〜〜〜〜〜〜

生理とか、胸が大きくなるとか、すごく不安でした。でもこの授業をして、先生も「だいじょうぶ」と言ってくれたので、安心しました。家で母に聞いてみると、「たいしたことないわよ」と言われたので、もっと安心しました。

子どもたちはやはり「すごく不安」なのだ。でも、身近な大人たちから、「だいじょうぶ」と言われることで、不安は消えていく。そういうことを語り合えるときを持てることが大切だと思う。男子は、次のように書いてきた。「女の人の卵巣から卵子が出て、血液でベッドのような子宮ができているのがわかった。早く男の人のからだの変化も知りたい」。

そして、「男のからだの変化」を次に学習した。その後の感想にはこんなことが書かれていた。

●男子は、突然声が変わったり、白いねばねばした液体が出たりするので、たいへんだなーと思った。でも、女子は精液の代わりにいろいろな栄養がまざった血液が出たり、赤ちゃんを産んだりするから、どっちも大変だなーと思った。人間ってすごいなあ。
●ぼくは、射精があると、恥ずかしいような気がしていたけど、父もいっしょになるのかと思ったら、安心した。
●私は先生に教わったので、姉に「生理、いつ始まった?」と聞いた。姉は「中一の四月から」と教えてくれた。私はやっぱり生理があるんだと思った。こんどは父に「射精はあった?」と聞くと、「あったよ」と答えてくれた。

女の子がお父さんに、「射精はあった?」と聞くことができるのは、四年生だからかもしれない。男子も家でお父さんに体験を聞いて、安心している。また、家で話せていない子も、そういう友だちの話を聞いて少し安心できたりした。学習を進めていくにつれ、「人間ってすごいなあ」と人間のからだのつくりのすばらしさに感動する子が増えていった。

そしてこの学習後、「ペニスから精子が出てくるなんてびっくりした。男子の精子は、どうやって女子のからだに入っていくのかなぁと思った」という疑問が出された。これは学んでいくと自然に出てくる疑問だ。子どもたちの「本当に知りたいこと」に答える学習を組んでいくのに、「性交・受精について」の学習は、避けることができなかった。学校で、科学的な内容を生命誕生の尊さとともに、正しい知識として伝えていくことにした。

4　性交・受精の学習をして

こういった学習の流れの中で、子どもたちの疑問の核心「性交・受精」について授業を行った。子どもたちは私の話を真剣に聞いていた。その後の感想は次のようなものだった。

●私は、今日、とっても驚きました。卵子は一か月に一個で、精子は一日に一億個でき、そして、ヴァギナにペニスを入れて射精して、精子は二、三億個は入れるのに、受精するのは一個。今日はどれもびっくりでした。私が生まれるのも、偶然の偶然だと思いました。

●私は、家で今日のことを話したら、母が「そうよ」と言いました。私はびっくりしました。母は、「中学くらいになれば、はずかしくないよ」と言っていました。大人はすごいなと思いました。

驚いたことを、ちゃんと家でも話して確かめているのだ。「そうよ」と自然に対応してくれたお母さん。事前に懇談会で学習の予定を話し、お願いしていたことがよかった。また別のお母さんからは、次のような連絡帳の手紙が来た。

●娘は、学校から帰るとすぐに、私に授業をしてくれました。「射精される精子は二億個で、私はもしかしたら、男の子だったかもしれないんだよ」から始まり、授業のプリントをしっかり音読もしてくれました。しかし、その後の質問がたいへん。「お母さんもやったの？」など。でも、あれだけあっけらかんと聞いてくると、こっちも答えやすかったです。

●夕食のとき息子が授業の話をくわしくしてくれて、食卓でということもあり、ちょっと驚きました。でも、あのように、恥ずかしげもなく話せるのは、授業でしっかり学んでいるからだと思いました。

授業で性交について話したときは、やはり子どもたちの驚きは大きいものだった。それをただのショックで終わらせたくないので、次の日には受精の神秘が描かれているビデオ『人体・生命の誕生』を観せることにした。映像の力には大きいものがある。多くの子どもたちが、命のふしぎさ、自分がどのようにこの世に誕生したのかを感じ取り、感動していた。

●ぼくは、このビデオを観て、本当に命が大切なんだなぁと思った。卵子は五百個の中の一つ、精子は三億個いっぺんに入って、一個しか卵子にたどりつけない。二ついっしょに卵子に入らないのがすごいと思った。もし、違う精子が入っていたら、ぼくは、生まれていないことになる。

●精子が、子宮に入ったのを、ビデオで観たとき、とてもたくさんいたので、一瞬気持ち悪いと思いました。でも、その一匹は、私の半分だったんだなと思いました。前は、赤ちゃんを産むのが、不安に思っていたけど、いろいろ勉強したら、楽しみになりました。

ビデオを観て、出産に不安をもっていた女子が、期待を感じられるようになってきたことはうれしいことだった。

子どもたちは、この「からだといのちの学習」の授業を毎時間、とても楽しみにしていた。以前高学年で行ったときより、反応もとても素直で明るかったし、率直に語り合うことができた。子どもたちは、知らないことを知っていく驚きや喜びを感じ、次第に不安が除かれていった。そして、学校で学んだことをもとに、家庭でも親子で語り合う場面がたくさん見られた。

今、性教育について、学校の授業で扱うことがむずかしくなってきている現状がある。しかし、子どもたちの知りたいことにきちんと答えていくと、彼らは真剣に受けとめる。自分のからだといのちについて学び、考え合うことは、今こそ学校教育の中に位置づけて行う必要があるのではないだろうか。

2
実践

本物のパンをめざして自分の体を見つめ友達とつながる

◉東京・私立和光小学校　鎌倉　博

「ロッテお米のパンへようこそ！」というパンやさん。これがパンやのなまえです。あの小麦がこんなパンになるとは思いませんでした。二回目からはアレルギーの関係で、お米のパンになりました。そして試作を重ねて三回。ついに三回目で本物のパン？という形になりました。四回目は一キログラムのミックス粉を使って売れるパンになりました。このかんどうは忘れられません。このパンは（和光の）歴史七二年間で初めてでした。お米パンは、売る直前、あんまり売れないと思いました。なぜかと言うと、普通のパンではなく、お米のパンだから食べたくない人がいると思ったんです。しかし、実際売ってみると、普通の二年のパンやさんの早さで売られていきました。お米のパンは、普通のパンやさんへ行っても売られていないので買えません。それほど特別なんです。やはりみんなの心を一つにすれば、全部売れるんですね。全部売れると、こんなかんどうがあると知りませんでした。こういうふうに売れるとぼくは学習しました。（和夫）

1 アレルギーを抱える子どもたち

私のクラスには、食物アレルギーの満と和夫と真紀がいた。食物の作られている過程が見えにくく、「食」に対して受身となっている現代だからこそ、和光小学校では一年生のうちから「食」の学習に取り組んでいる。「食」を見つめることは、健康と命を見つめることでもある。だから、アレルギーの子がいるからと言って、「食」の実践をやめてしまうことはしない。

とは言え、調理をする場合には、その家庭とよく連絡を取り合い、成分を逐一チェックしてもらったり、活動上配慮すべきことをよく確認したりした。

また、子ども同士の関係を深め、一人一人を理解し合っていくことで、「味の好みとしての好き嫌い」とは別に、「食べられない体質としてのアレルギー」というものがあることの理解も深めてきた。「アレルギーの子」への理解を深めることは、子どもたち同士の関係を深めることにもつながると思っている。

2 「麦からパンへ」の取り組み

二年生の生活勉強の一つに「麦からパンへ」がある。一年生の秋に、近くの畑をお借りして小麦の種を蒔いた。そうして、麦踏みも体験しながら冬越しし、六月になっていよいよ収穫のときを迎えた。

チクチク痛いのを堪えてみんなで刈り取ると、軽トラック二台分も麦穂が山積みになった。

よく干した後、脱穀した。ものすごい量だったので、七二人の子どもたち総出でも大変な作業だった。簡単に脱穀機は使わせず、木刀二本に挟んで三人ずつで協力して脱穀した。

次に、石臼を使って麦を粉にした。しかし、予定していた授業時間だけではとてもやりきれず、残りを各家庭に持ち帰ってもらって、親子で作業してもらった。戸惑ったおうちも多かっただろうが、続々と家庭から手製の粉が届いた。家族総出、すりこぎやコーヒーミルなど様々な道具を使って、苦労して挽いてくれたことで、子どもたちはもちろん、親までもが、次なる「パン作り」への期待感を高めた。

そして一学期末。この学級で初めてパン作りをした。まず、パンが小麦粉以外の何から作られているか、どういう手順で作るのか、子どもたち自身で調べた。それを発表し合ったところ、「イースト菌・砂糖・塩・卵・牛乳・水も使う」「混ぜる→こねる→発酵させる→形を整える→焼く、の手順で作る」のがほぼ共通項だった。そこで、第一号パンは、その共通項で試作することにした。

しかし、ここでさっそく、アレルギーの子の参加の仕方を考えていかなくてはならなかった。満は牛乳と卵、和夫と真紀に至っては小麦にもアレルギー反応が出るために、この製法では食べることができない。方針を出して、三人の家庭と相談する必要があった。

和光小学校の生活勉強「パン作り」は、一回では完結させない。まず作戦を立て、それで作ってみて、食べて感想を出し合う。そこでまた新たな作戦を立てて、再度作ってみる。……これを繰り返していく。

そこで、一回目の今回は、一般的に使われている材料で作ってみることにした。その上で、アレルギーの子はこれでは食べられないことをみんなで確かめ、「アレルギーの子でも安心して食べられるパンも作ろう」と再度提案して、二回目のパン作りから挑戦していく。これで、三家庭の親子と合意ができた。

こうして第一号パンが作られた。大人の手は借りずに、自分たちが調べてきたことだけを頼りに作った。しかし、個別の材料の量や焼き時間や温度設定がすべて勘であったり、言葉では知っていても「発酵」というのがどうなることなのかも知らなかったりしたから、総じて六つの班ともに、味も見栄えも「クッキー」になってしまっていた。

でも、和光小の子どもたちは、試行錯誤して仕上げていく楽しみを知っている。だから、落胆しない。それよりも、持ち帰って家の人にも食べてもらった感想を手立てに、次なる工夫の観点を持とうとしていた。

3　真紀が見つけてきた「お米パン」

和光小の夏休みの宿題のメインは「こつこつドカン」だ。「こつこつ」と毎日続けて「ドカン」と一発、夏休みでないとできない体験に各自が取り組み、その体験を夏休み明けに全員が発表し合うのだ。今年もその中に「パン作り」研究をしてきた子が五人いた。一学期に実際に作ってみた「第一号パン」作りから改良点を探し求めて研究してきたのだ。その一人が真紀だった。

真紀は、小麦に強烈に反応してしまうため、触ることすらできない子だった。だから、麦刈りも脱穀も製粉も第一号パン作りのときも、直接麦に触れたり小麦粉が飛散して付着してしまったりしないように、完全防備をして参加したり、小麦粉が生地にまとまるまでは別室で待っていてもらったりしなければならなかった。しかし、それでもみんなと一緒に作りたかったのだ。その願いにどう応えてあげたらよいのか。しかし、私はこのとき、できるところで参加してもらいながら、ともに作った実感が少しでも持てるように精一杯努めることしか思い浮かばずにいた。

ところが、その真紀がこの夏休み、お母さんとともに調べに調べ、ついに自分のアレルギーで摂取できない小麦・牛乳・卵を一切使わないでもできるパン作りに成功したのだった。真紀のお母さんが探し当てた、北海道の「おこめ安心食品」社（http://www.okome-anshin.co.jp/）に特注してわけてもらった「お米とタピオカのミックス粉」で作ったパンだった。これには私もみんなも驚いた。「周りは少しお餅みたいだけど、中はちゃんとパンになってるよ」と言うが、どんなパンなのか。作って食べてみたい。そんな衝動にかられた。

いずれにしても、これで、小麦に触ることもできない真紀、それに満や和夫も、できるところだけ参加してパンを作るのではなく、始めから終わりまで参加して作り、そうして自分たちで作ったパンが食べられる見通しが立った。

4　試作、そして「いちょうまつり」での完売

「夏休み研究」の後、いよいよ全校行事「いちょうまつり」での出店を目指して、六人一組のパン屋さん班を編成することにした。そうして、「そのうちの一つの班は、アレルギーの子でも安心して食べられるパンを作るお店にしてはどうか」と提案した。すると、真紀たち三人はもちろん、ほかにも「いっしょに作りたい」と言う子が一二人もいたので、その中から三人に入ってもらって、一つの班を編成した。

こうして、新しい班のメンバーになっての試作が始まった。一学期末にみんなで作ってみた第一号パンのイメージをたたき台にしながら、その後の調査活動の成果も生かして、今回からは班ごとのこだわりで作戦を立てて作っていく。さらに、「売る」ことを考えて、今回から持ち帰った試作パンについて、感想だけでなく「ふさわしい値段はいくらか」も、おうちの人に回答してもらうことになっていた。

みんなで作ったお米パン

こうした中でアレルギーを抱えた子を含む班は、真紀の体験を参考に、初めて子どもたちだけの「お米パン」に挑戦した。しかし、真紀の記憶だけが頼りだった。だから、出来上がったものは、

見栄えも味もイメージとはかけ離れていた。真紀のお母さんは「お米パン第一号は二円」という厳しい評価をつけた。

他の班の中には、本物のイメージにかなり近いパンを成功させた班もあった。そこで真紀たちの班は、もう一回他の班より多く試作してみることにした。イメージ通りのパンに近づいたという達成感を持てなかったら、この班の子たちのやる気が失せてしまうからだ。私も子どもたちとは別に独自に作ってみて、作り方のポイントを考えてみた。「うちでも作ってみたいので粉を分けて下さい」と申し出る家庭もあり、おうちの人たちも応援してくれた。

こうして、二回目の「お米パン」は、見栄えこそまだまだだったが、確かにパンの味がするものになった。

（お米パンは）こねる時はへらやスプーンでまぜます。へらなどでこねるのですが、きびざとうで作ったり、ちょっと手でこねたり、はっこう時間を少なくしたり多くしたり、やきすぎるとおいしいパンになりません。お米パンはちょっと手間がかかります。かたは、アルミより紙のかたのほうがうまく出来るのです。やきたてだとふっくらしていますので、やきたてで食べたほうがグッド！　です。お米パンはあんまりふくらまないのに、ふっくらしたようにおいしくなります。ドライイーストは野原家（注：真紀の家）が作る時使うのを使いました。ドライイーストは、一五グラムぐらいが一番いいのかもしれません。ほかのはんは、五グラムなので、水にとけていました。味は小麦のパンと同じでした。（和夫）

こうして、三回目・四回目と試作を重ね、ついに「おいしくできるレシピ」を自分たちで作り上げたことで、安心して五回目の本焼きをした。そうして、一〇月の「いちょうまつり」で、二年一組のパン屋さんを開店させた（売り値は一つ三〇～五〇円）。

さあ販売開始。販売時間前から行列ができていた。数量は限られている。子どもたちも実際の現金のやりとりは初めてで、おつりの計算でパニックにもなったが、とにかく次々手作りパンが減っていくのにびっくり。ついに完売すると大歓声を挙げた。周りで見守っていた家族からも大きな拍手をもらった。珍しさもあって、「お米パン」は「小麦パン」よりも早く完売してしまった。

5　学級にとっての「お米パン」

パンは売りきれて本当によかったです。野原さんのお陰で、あの様な粉があることがわかり、本当によかったですね。米粉だけだったらできなかったかもしれません。試作はなかなかうまくいかず、家で作ったものも今一つ……。本当に心配しました。できあがりも見た目はいいものでなかったので、三班だけ売れ残ったら……と心配しました。売りきれた時は、みんなの顔が嬉しそうでした。なにより、満はこの活動で、アレルギーに対して偏見なく理解を深めたように思います。真紀は小麦がだめ、亮介はネコがだめ、和夫は鳥がだめ……食べるのはいいけどさわるとだめとか、さわっていいけど食べるのはだめな人がいると、色々教えてくれました。色々な子がいて、自分も決して特別でなくて、そういう子が食べられるパンもあると分かったこと、そして作れたことが大きな財産であったと思います。アレル

〜ギーはつきまとうものですから。（満のお母さんの連絡帳から）

一回ずつの取り組みごとに書き溜めてきた手作り絵本の中に、和夫は自分のアレルギーの状態を何度か書いていた。みんなにも知ってもらいたかったのだろう。和夫は四月当初、人と交わることが苦手で暗い表情をしていた。手作り絵本の中の人物には目鼻も口もなかった。ところが、二年生からの絵には、表情ある顔が登場してくるのだ。麦やパンにみんなで協同して働きかけてきた体験が、周りとの関係をも築いていく力を与えたのだろう。

今回、敢えて「アレルギーの子は関われるところだけ参加してパン作りする」のではなく、むしろ食において健常な子どもたちに呼びかけて「アレルギーの子でも安心して作って食べられるパンを作ろう」としてきた。そのことで、自分のアレルギーを自分自身も受け入れ、周りの子どもたちも受け入れる関係が築かれたと言えよう。体質を急に変えることはできない。その意味では、食でハンデを背負う子どもたちは世界中に大勢いる。その子どもたちも安心して作って食べられるものを、みんなで追究していくことは、これまたニーズに応える学級づくりを進めていく意味で大事なことだと思い知らされた。

3
実践

「働く人」の姿をテーマにした対話的な学び
――お母さんの悩みに出会って

◉山口・岩国市立装港小学校　藤原　共子

二〇〇一年、六年生をうけもつこととなり、卒業という節目に「働く人」の姿を一緒に学びたいと思った。そこで、修学旅行の時、オープンしたばかりの水族館「海響館」を訪れ、そこで働く新人トレーナーさんの訓練の様子を学んだ。帰ってからは、旅行に同行した写真屋さんの姿をテーマに学びを展開した。さらに次は「自分の夢」をとりあげた。「何になりたい？」を話し合いながら、身近な人を思い浮かべてはその仕事を調べていった。

1　「私が仕事をやめた理由」

「将来やってみたい仕事」について調べたことを発表する時のことだった。「うちの母さんはなりたくて保母さんになって、保母さんがとっても好きだったんだけど子どもが生まれたのでやめました」という奈々の発表に、誰からともなく「何でやめるん」と自然に声があがった。「だって、なりたかったんじゃろ？」そういわれれば確かにそうだった。働く女性の立場からみれば、「家庭・子育て・仕事の両立」は切実な悩みであるが、子どもたちの目からは「やりたい仕事をやめなきゃならないなんて、どうして?」」という自然な疑問がわいたのだろう。電話でいきさつを話すと、奈々のお母さんはこんな文章を届けてくれた。

私が仕事をやめた理由

私が仕事をやめた理由は、「とても忙しくなった」ということです。食事のしたく、洗濯、掃除、子供の世話など。それに加えてお仕事。私は家のことも仕事も、両方ともきちんとやっていく自信がなくなってしまいました。私が家にいる時間はとても忙しくしていたので話を聞いてあげることもできなかったのです。「いってらっしゃい」も言えず、「おかえりなさい」も言えませんでした。仕事をしているときも家のことが気になるようになり、「寒くないだろうか」「宿題はやっただろうか」と考えるようになりました。保育園に通っている子どもたちもお母さんが仕事をしている子ばかりなので、時々さみしそうにしている子がとても多かったのです。そんな子どもたちを見ていると家で待っているわが子も本当はさみしいのでは……と思うようになりました。そこで思い切って仕事をやめることにしました。私の子どもたちは、仕事をやめてほしいと言ったことがありません。今も家族が多くあまり話す時間がないのですが、今は仕事を辞めてよかったと思っています。それでも自分のなりたかった仕事、好きな仕事なのでまたやりたいです。子どもたちが大きくなり安心して家を留守にできるようになったらまた仕事をしたいと思っています。

これを読んで、子どもたちは次のような感想を寄せた。

●お母さんに、「カセットテープに『おかえり』って入れとって、再せいを押したら聞けるようにしようやぁ」と言ったことが一～二回あります。だってカギをあけて、「ただいま」って言っても声がないからさみしい。奈々は言わないなんてすごいなぁーと思う。(弘美)

●私は仕事をやめてほしいと思ったことはありません。心の中では「仕事をやめてほしくなかった」のかもしれません。お母さんは、三年前おじいちゃんが死んでからお父さんの手伝いをしてるけど本当は仕事をやりたいのでは、と思ったこともあります。「家でたまにはお菓子でも作ってむかえてあげたい」と言っていました。私は、そんな母の願いがかなうといいと思っています。(奈々)

不思議なことに、「さみしさ」もみんなで出し合うと、教室はなぜか暖かくなっていった。そして、話題の中心だった奈々は、お母さんの立場に立って考えるようになっている。

一方、果歩はお母さんの「内心」にこだわった。

私は香坂さん（注：奈々のこと）がうらやましく思いました。だって、お母さんがあんなに心配に思ってくれているんだから。私のお母さんは仕事でとても疲れているように見えます。でもわたしたちのことは「宿題やった?」位しか言いません。でも、内心どう思っているのかわかりません。でも、香坂さんのお母さんが仕事をやっていた時みたいに、とても忙しくて、私たち、子供のことも考えるひまが無いんだと思います。でもいつか、お母さんに、内心どう思っているか聞きたいです。(果歩)

これを読んで、私ははっとした。この子にとって、大事なのは、お母さんが働いているのかどうかではなく、「私のことをどう思っているか」だった。「忙しくて、疲れてて、暖かい言葉をかけてほしくても毎日は無理だろう。疲れたお母さんのこともわかってあげるよ。でも、時には言葉にして聞かせて！」そんな声が聞こえてきた。

その後、果歩に「これを見せて、お母さんに聞いてみたら」と勧めたところ、彼女は実行して、お母さんに「『子どものことが気にならん親はおらんよ』って言われた」と、恥ずかしそうに話しに来た。

2 お母さんの悩みとは

ある日、秋子は気になることを書いてきた。

私は、お母さんに香坂さんのお母さんが書いた紙を見せて読んでもらうと、お母さんは文を見て、「やめたくてもやめられない事情がある、これを読んで、あ～うちの子もそうなのかな～、と思って悩んでしまうお母さんがいるかもしれない。仕事をやめれると言うことは、働かなくても大丈夫なんだ」と言っていました。

これを読んで、私は自分自身の悩みも含めて、お母さんたちに向けて学級通信「ゆかいななかまたち」に次のように書いた。

この学習のもともとの目的は、仕事と家庭の両立ということでもなければ、まして、子どものために仕事を考えるということでもありません。それぞれの人にはそれぞれの生きてきた歴史があり、家族の事情も含めて家族という子どもたちの社会の状況もあるからです。ただ、子どもたちがこれから大人になり、なりたい仕事に向かって夢をふくらませたり、仕事というものを深く考えていくことは大事だと思います。子どもたちはその入り口で、仕事と家庭とが、時には矛盾するということを知ったのです。私自身、ずっと働いているわけですが、自分の子どもに「さみしくない？　本当はね、とても気になってるの」とは言えなかったものです。とても聞けないタブーのようなものでした。けれど子どもには、「言葉にしてほしい」時もあるのだと思いました。この学習には大切にしたい何かがある気がするのです。

学び合う中で、秋子は次のように書いて来た。

私は、学校から帰って誰もいないからさみしい。けど、やめてほしいとか思わない。お母さんも、お父さんも私達のために働いてくれているから。もう六年だからがまんだってできるし、友達だっているから、だいじょうぶ。けど、ちょっとやめてほしいとか思ったことはあったかな？

3 学びの中で見えてきたもの

学習の最後に、奈々は次のように書いていた。

お母さんと私の夢

私のお母さんは保母さんをやめてお父さんのお手伝いをしています。お母さんは、私が三年生の時に正式に仕事をやめました。理由はわからないけれど、私が思うには、おじいちゃんが死んだからと思います。おじいちゃんが死んでから、お母さんはお父さんのお仕事の手伝いをしなくてはならなくなりました。最初にこの勉強のことを話したとき、お母さんは「お母さんも仕事しよっかなー」と言いました。私は、「別にやってもいいよ」と言ったら、お母さんは、「じゃ、家にいなくてもいい?」と言いました。私はそのとき「ギク」として、「それはやだ」と言いました。私はお母さんに家にもいてほしいし、仕事もやってほしいです。でもそれを決めるのはお母さんだからその件はお母さんに任せます。それに私はもう六年生だから弟を保育園にむかえに行けるし、面倒もできるから、私はお母さんに仕事をするなら安心して仕事をやってほしいです。それになやみがあるなら、そっと私に相談してほしいし、私のことをもっともっと今思っている以上に信用してほしいです。最初家にいてくれてうれしかったけど、仕事をしたいならしても「OK」だし、やりたくないならやらなくていいです。(中略) 私は保育園の卒業アルバムに、「大きくなったらお母さんのあとをついで保母さんになりたい」と書きました。だから私はこ

〜れからもお母さんのようなりっぱな保母さんになることを夢見ながら大きくなりたいので頑張ります。

「私のことを信用してほしい」ということばが印象的だった。学ぶ中でお母さんを捉えなおし、家族の歴史と重ねながら、自分の目で見た「お母さんの仕事と私の今」を書いている。

一方、お母さんが働いていない道子は、次のように書いてきた。

わたしのお母さんは仕事をしていないけど、仕事をしてほしいとは思いません。（中略）でもお母さんが好きで仕事をやりたいならやってもいいと思います。だって、お母さんが仕事をやりたくてもわたしがやってほしくないなんて言ったらお母さんがかわいそうだからです。でもやっぱり仕事はやらないで、わからないことをおしえてくれたりしてほしいなと思います。もしやりたいなら少しはわたしの意見を聞いてほしいと思います。

4　お母さんたちからの感想

お母さんの仕事や家のことを、納得しながら共感しながら生きていきたい。そんな子どもたちの思いが表現された文章を読んで、お母さん方からの感想が届いた。

●両立は難しいことだけど、子どもたちときちんと話をしていくことでお互いが良い方へ進んでいくような気がしました。収入を得たい、社会に出て自分を生かしたい、また仕事につきたいと思いますが、子どもたちと話し合い、気持ちが通じるようにしたいと思います。

●私は働く母親としてドキッとしました。健二は内心どんなことを思っているのだろう??? と気にかかっていましたが、そのことを話題にすると急に不機嫌になりますので、気にはなりながらも毎日を過ごしていたところです。（中略）今日は朝からとても幸せな気分です。先生からのお手紙で、私も自信を持って、また今日から、会社にいけると思いました。

この学習の一番はじめに、「仕事は何のためにやるの?」と聞いたとき、子どもたちは「お金を儲けるため、家族のため、生活していくため」と答えた。学ぶ中でまた違った仕事の意味（楽しさ、意欲のようなもの）を子どもたちは感じ取ってきたように思う。

子どもたちは、「自分のせいで仕事をあきらめてほしくない」と、一人の人間として母親や仕事を見ると同時に「できたら応援したい」と考えるようにもなった。だからと言って、さみしくないかと問われたら、それはさみしいのかもしれない。けれどみんなで出し合ううちに、さみしさでさえ、子ども自身にも自立への過程として感じられるようになったのだ。

この後、子どもたちとの学習は、他のお母さんたちの意見を共に考えたり、お父さんのお仕事を調べたり、さらに鉄工所で働く地域のおじさんや放送局で働く若いお姉さんの姿に学ぶなどの内容へと発展していった。

4
実践

沖縄学習旅行二〇年
――思春期青年期につながる学び

◉東京・私立和光鶴川小学校　大野 裕一

初めて和光小学校の総合学習「沖縄」と出会ったのは約二〇年前の第二回沖縄学習旅行だった。和光大学梅原ゼミの学生として子どもたちの学習旅行に参加したのだった。「日本にこんな学校があるんだ」と大きな衝撃を受けた。四日間のほとんどが証言者の方の話や見学の時間として日程が組まれ、夜も学習会やクラスでの話し合いが組まれていた。何よりも驚いたのは、子どもたちの姿だった。しっかり話を聞き、真剣に討論していた。沖縄から帰ってきてからは興奮状態だった。誰かにこのことを話したいという思いに駆られ、夢中で知り合いに「和光小学校の沖縄学習」について語っていた。それ以来、「教員になりたい」という思いがどんどん強くなっていった。私自身が沖縄との出会いで変わったのだと思う。以下、二〇〇三年度の実践を中心に報告する。

1 「沖縄」を伝えられて

総合学習「沖縄」は五年生の一二月に開かれる「沖縄を伝える会」で六年生に教わるところから始まった。エイサーの踊りを教えてもらったり、「料理」「ことば」「三線」「基地」「沖縄戦」などグループごとの発表を聞いたりする。また、一対一で沖縄学習旅行の様子を聞かせてもらう。実際に学習が始まるのは六年生になってからなのだが、次年度自分たちがどのような学習に取り組むのか子どもたちは楽しみにしていた。

一人一人に沖縄のこと伝えてもらうとき、本にしたり一人一人にノート・ファイルをくれたりしてすごくうれしかったです。写真とかがあったりしてすごくわかりやすかったです。戦争のこととかを教えてもらっているとき私も早く沖縄に行きたいなあって思いました。六年で沖縄に行くのがすごくまちどおしいってゆ～か、たのしみです。（あいこ）

総合学習「沖縄」の全課程

時期	授業の中での学習	特別授業・見学など
5年 一二月	●六年生から沖縄を伝えられる	
6年 四月	●沖縄の位置 ●沖縄の言葉	●行田校長の特別授業「沖縄で学んでほしいこと」
五月	●沖縄の自然 ●沖縄の歴史	●栗原さんの三線による「沖縄の音楽」
六月	●沖縄の料理 ●沖縄のシーサー	
七月	●沖縄・東京比較辞典づくり ●沖縄の基地Ⅰ	
八月	●夏休み自由研究	
九月	●沖縄の基地Ⅱ ●秋まつり、沖縄のお店づくり	●横田基地見学、後藤さんの話 ●丸木元園長の話
一〇月	●沖縄戦 ●学習旅行準備	●アレン・ネルソンさんの話 ●沖縄学習旅行（三泊四日）
一一月	●学習旅行のまとめ （ひとこと集・旅行記・文集）	●原爆の話（木村徳子さんの話） ●松代大本営の見学
一二月	●沖縄を伝える会 （おうちの人、五年生へ）	
一月～三月	●沖縄カルタづくり	

2　沖縄学習旅行で学びたいこと、楽しみなこと

一〇月末、沖縄学習旅行に行く前日、子どもたちに「沖縄学習に向けて　学びたいこと・楽しみなこと」を書いてもらった。ちづこは、学びたいことの第一に基地のことをあげた。あきらが九月の横田基地見学のあと「基地はいらない」と生活ノートに意見を書いたのに対し、こうたが「武器はなくしてほしいけれど、米軍がいなくなったら日本を守れないし、アメリカとも仲が悪くなるんじゃないか。もっと正確なことを知りたい」と言い、クラスで米軍基地の有無をめぐって何回か話し合いをしてきたことが心に引っかかっていたようだ。

ゆうじは、「いろいろな人から話を聞いたり、いろいろなところにいっていろいろなことを知る」と書いた。沖縄に行って実際に証言者の方から話を聞くこと、ガマに入ること、基地を見ること、海に入ること、エイサーを見ること……行って見なければわからない、感じられない、学べないことを楽しみに書いていることが多くの子から感じられた。

①基地のこと。なぜかというと基地のことはクラスでも話題になったりしているし、基地の近くに住んでいる人は基地をなくしたいと思ってるのかとか知りたい。あとは「渡嘉敷」の集団死のこと。これは個人的に思ったこと。あとはやっぱり証言者の話とか、ビデオとかでは何回か聞いたけど直接聞くのは初めてだから、これは楽しみなことにはいるかな。②交流会とか楽しみ。気が合う人とかいたら文通

とかしてみたいし、でもいないかもね。あとは海とかってきれいだっていうし……。でもわたしは泳ぐより見ているほうがいいな。でも沖縄に行くことじたい楽しみなことだからぜんぶひっくるめて楽しみ。（ちづこ）

3 「ほんもの」との出会いで変わる――沖縄の四日間

沖縄での四日間、子どもたちは様々なことを感じた。「基地の島」「沖縄戦」「豊かな文化」「豊かな自然」……いくつもの沖縄の「顔」を実感していたのだと思う。

●本当に沖縄についたとき「低空飛行」で、すごく本当にこんなにも低いかとびっくりした。基地の飛行機がこんなに使っているのはひどい！　と思った。日本の空なのに。（ゆき）

●嘉手納基地はすごく大きかった。郵便局とか生活に必要なものはすべてあってそこで生活できるというのはとてもすごいと思った。けどそれよりも大きい弾薬庫があるなんてびっくりした。だけど僕たちの税金の思いやり予算からできているなんてむかつくし騒音でこまっている人たちがいるから土地を沖縄に返してほしい。（けんいち）

●金城先生のいった言葉の中味にはびっくりした。どうしてかというと金城先生は自分を生んでくれたお母さんを殺してしまったというのが、びっくりしてぞくっときた。お母さんを殺したというだけで

2003年度　沖縄学習旅行の４日間

１日目	①羽田空港から那覇空港へ ②ヌチシヌジガマ（石川市にあるガマ戦争中約300人が避難していたガマ） ③嘉手納基地（日本最大の米軍基地。アジア戦略の拠点） ④佐喜眞美術館（沖縄戦の図、屋上から普天間基地） ⑤金城重明さんの話（渡嘉敷島での集団死）
２日目	《ひめゆり学徒隊の足跡を追う：宮城喜久子先生、迫田先生》 ①南風原陸軍病院（陸軍病院の跡、見捨てられた負傷兵） ②糸数壕（最高時、約1000名近い患者がいた） ③第一外科壕（本島の最南端に近い壕） ④荒崎海岸（喜久子先生が捕虜になった場所） ⑤ひめゆり資料館 ⑥韓国の塔（加害の歴史を語り継ぐ） ⑦平和の礎（沖縄戦の戦死者約26万人の名前が刻まれている） ⑧国際通り・牧志の公設市場での買い物・見学） ⑨宮良ルリさんの話（元ひめゆり学徒隊）
３日目	※本来ならば渡嘉敷島に渡り、「集団自決」の碑を見学後、とかしくビーチで海あそびをするのだが、この年は強風のため船が欠航し、やむなく本島の南部・新原ビーチへ。 ①新原ビーチでの海遊び ②小桜の塔、対馬丸の碑（沖縄から本島へ疎開する船が撃沈、多くの子どもがなくなった） ③内間青年会のエイサー（子どももいっしょに最後はカチャーシー） ④学級集会（沖縄学習旅行を振り返る） ⑤平和宣言作り
４日目	①首里城・第32軍司令部壕跡 ②城東小学校との交流会（名刺交換・踊り・ゲームなど） ③沖縄県立博物館（沖縄の自然・文化・歴史） ④那覇空港から羽田空港へ

荒崎海岸でエイサーをおどる

もすごくかなしいのに、「集団自決」では家族で殺し合い、お年寄りや赤ん坊まで巻き込まれて死んでいくのがすごく悲しいと思った。(たいし)

● 二日目は元ひめゆり学徒隊の宮城喜久子先生の話を聞きました。私はそのとき初めて戦争は戦争が始まる前から始まってたことを知りました。米軍とか日本軍が攻撃してから、始まっているのだと思っていました。その後、ひめゆり資料館に行きました。そこではひめゆりの人たちの写真とかがありました。戦争から五八年もたっているのにいまだに写真も死に方も知られていないという事実にショックを受けました。(しょうこ)

● 三日目の夜に内間青年会のエイサーを見ることができた。たいこの音がすごく迫力があっておどりの勢いもすごくてびっくりした。本当にじょうずだなーと思った。(れな)

● 海ではグラスボートに乗っていろいろな魚を見ました。とてもきれいでした。いろいろな魚がいてとてもびっくりしました。そこで貝をひろいました。とてもきれいでした。おかやどかりでやどかりレースをしました。楽しかったです。(ちか)

4 心に残ったひとこと「人間が人間でなくなる」とは?

「沖縄」の学習では多くの人の話を聞いてきた。その中で「心に残ったひとこと」を学習旅行後に子どもたちに書かせた。一人が約三~四個の言葉を選んでいる。冊子にすると一〇〇ページほどになる。

その中で一番多くの子どもが選んだ言葉が宮良ルリさんの言っていた「人間が人間でなくなる」だった。「みんなで話し合いたいこと」として多くの子どもが引っかかっていた言葉だった。以下に話し合いの一部を紹介する。

「『人間が人間でなくなる』って、どういうことかな?」(教師)
「人間の常識がわからなくなること」(もえか)
「人間の常識って……?」(れいら)
「人を助けるとか……」(もえか)
「常識というか、考えかな、家族を殺してしまう、自分を簡単に殺しちゃう」(よう)
「感情がなくなっているということだと思う」(かずこ)
「限界をこえている気持ち」(こうた)
「限界って何の限界?」「どこが限界?」(あちこちから)
「人と関わる中の常識だと思う。アレン・ネルソンさんが言っていたけどベトナムの人を人と見ていなかったって。それも〝人間が人間じゃなくなる〟ってことだと思う」(えりこ)
「目の前で人が殺されたり家族が殺されて心がこわれてノイローゼというか、わけがわからなくなることじゃない」(こうへい)

話し合いのあと全員が感想を書き、学級通信に載せた。この話し合いは次の時間もそのまた次の時間も続いた。イラク戦争や日本で起きている犯罪、最後は自分たちにひきつけての話し合いまで続いた。

「自分や自分の身のまわりで〝人間が人間でなくなる〟ってことあるのかな?」(よう)
「えっ、そんなのあるわけないじゃん」(ほとんどの子)
「ゲームとかで、〝死ね、死ね〟とか言いながらやっている人がいるでしょう。ああいうのは近いと思う」(あいこ)
「わたしも、あいこと同じ」(たえ)
「一学期にけんたとけんかしたじゃん。なぐりあいとかしているとき、何も考えられない状態で何するかわからないというか、その時は、〝人間が人間でなくなる〟に近いかも」(りゅう)

何か結論が出たという話し合いではなかったが、「人間とは?」「人間らしさとは?」「人間でなくなるとは?」ということを教師も含め子どもたち全員で考えることができた。

5 自らが語り部となる

一二月、沖縄を五年生に伝えるためにいくつかの取り組みを行う。その中のひとつに「五年生へのメッセージ」がある。総合学習「沖縄」のノート、その最初のページに六年生からのメッセージが書かれるのである。最後に、れいこの五年生へのメッセージの一部を紹介する。

りょうこさんは、沖縄といったら何を思い浮かべますか？　きれいなサンゴの海や琉球舞踊、エイサーなどとても明るいイメージがあると思います。でも五八年前にあのきれいな海のサンゴの島で、沖縄では日本唯一の地上戦、沖縄戦があったのです。（中略）沖縄戦はとても悲しいことだったけど沖縄学習旅行でりょうこさんも命の大切さや今どれだけ幸せか実感してつぎの六年生に命こそ宝、「命どぅ宝」を伝えてください。（れいこ）

〈ゆいまーる　助け合う意味の　合い言葉〉
子どもたちが作った沖縄カルタより

ナビ5

世界を少し人間的に《追創造》することで《見える》

◉日本生活教育連盟研究部・武蔵大学　加藤　聡一

一　別の世界から《見る》

「見ろ」と子どもに言っても、見えるものではない。第2章—5の諸実践では、自分・友だち・世界を《見る》ために、子どもたち自身がそれらを《見つける》ような教育的生活をつくりだしている。

あたりまえに思える《今いる世界》を、もう一度つくりなおす（追体験ならぬ《追創造》）実践の中で《見えて》くる。鎌倉実践では、日ごろあたりまえに食べているパンを自分たちの力でもう一度つくり出そうとしている。なかなか「あたりまえ」のパンがつくり出せない。だから、問いが生まれ、試行錯誤がなされ、「パン」が《見えて》くるのである。

しかし、同じ世界がただ再現されるのではない。小麦のパンをアレルギーで食べられない友だちがいる。「いっしょに食べられたらなあ」。そこから、米のパンが創造される。今いる世界は、少し人間的に、少し幸せになるように再創造されていく。米のパンという違う世界からこそ、小麦のパンというあたりまえの世界がもっとよく《見えて》くる。

大野実践では、沖縄という別の世界を《見に》行く。しかしここで子どもたちが《見て》いるのは、あたりまえに思えていた自分の世界の方なのだ。今自分が生きていて、友だちがいっしょに生きていて、親がいっしょに生きていて、エイサーをみんなで踊ることが《できる》世界。それを可能にしている、《戦争を押しとどめている力》が《見えて》くる。今、みんなで踊ることができる生活をどのように（さらに少し人間的に）つくり出していくのか、沖縄というもはや身近になってきた世界をさらにどう人間的に再創造していくのか。ここから《見つける》生活を続けていくことができる。

二　成り立ちを追うことで《見える》

あたりまえに思える《今いる世界》がどう成り立ってきたのか。

藤原実践では、今のあたりまえに思える家族の生活、親の生活がどう成り立ってきたのかを追っている。どうしてお母さんは働いていないのか、あるいは働いているのか、世界の成り立ちを調べていく。聞いていく。そこから、働くこと、子どもを育てること、自分が育てられたことなどが《見えて》くる。今の世界にただたどり着いて「理解」しただけではない。《自分の希望》をそこに関係させたがってくる。今の世界より、お母さんもお父さんもそして自分も、もう少し人間的に、もう少し幸せになる方向で、未来の生活をつくり出そうとしはじめている。

近藤実践も、親の《成り立ち》を知っていく。どのように《大人》になってきたのか、どのように子どもが産めるように成長してきたのか（そして生まれたのは自分だ）。親の思春期を追体験していく中で、今の自分が《見えて》くる。

そして、今度はまさしく自分たちが思春期に入っていき、自分たちが変わる、世界が変わることにつながっていく。

第3章

思春期・青年期の「学びの道」を拓く総合学習

論文

思春期・青年期の進路指導・キャリア形成
——自己実現を問う

◉立命館大学　春日井　敏之

1　与えられた自己実現と個性尊重

自己実現というキーワードが、近年意識的に使われるようになったのは、一九八九年の学習指導要領改訂以降、子どもの「自分さがしの旅」＝「自己実現」の援助者として教師の役割が強調される中でのことであった。政府から与えられた「自分さがしの旅」＝「自己実現」は、企業社会への適応競争と絶妙にリンクし、「あなたの売りは何？」と個性の商品化に拍車がかけられていった。この状況では、「自分が自分であって大丈夫」（高垣忠一郎『生きることと自己肯定感』新日本出版）と、存在レベルで自分を生きる自己肯定感は育ちにくくなっていった。

現代の自己実現は、子どもの課題を本人の心のあり方や意欲、努力の問題と捉え、子どもに社会への適応競争を迫っていく傾向を強めてきた。私は、子どもたちが抱える様々な課題を、社会化（社会構造）と内面化（生き方）の視点から統合を図りながら読み解き、大人と子どもが社会と自己を変革・成長させていく主体として育ち合い、時代を創造するよきパートナーとして協働していくことが重要だと考えている。

また、個性尊重が教育改革のキーワードになっているが、個性や自分らしさとは、社会のひと・こと・ものとの関わりの中で形成されて初めて意味を持ち、その関わりの中で自身のあり方や生き方をまた発展させていくものとして捉える必要がある。自己実現と同様に、自分らしさをもっぱら個人の内面に求める「内閉的個性志向」（土井孝義『非行少年の消滅――個性神話と少年犯罪』信山社）は、袋小路に子どもを追いやることになりかねない。その結果として、一方では自分に自信をなくし自分を追い詰め傷つけてしまう子どもを生み、他方では果てしない欲望の肥大化に翻弄され、他者を傷つけてしまう子どもを生んでいるのではないか。

2　青年の自立を阻む二つの壁とキャリア形成

今日、思春期・青年期の子どもたちは、内側の壁と外側の壁に阻まれて、精神的自立や社会的自立のために苦悩している。しかしその危機は、成長の転機にもなりうる。

「内側の壁」は、①親や周囲が引いた「よい子」のレールからはみ出すこともなく頑張ってきた青年の中にある精神的自立の壁であり、②他方、必要な援助を与えられずネグレクト・暴力といった虐待を受けながら放置され、荒れるしかない子どもたちの中にある人間不信の壁である。これらは、自己肯定感（自己信頼）と共存的他者の獲得（他者信頼）という人間への信頼を妨げる壁でもある。

「外側の壁」は、①一九九〇年代のバブル経済の崩壊以降社会問題化してきた、青年層の失業と「フリーター」といった非正規雇用の増加という壁である。一九九五年に日本経営者団体連盟（日経連）が、「新時代の日本的経営」を提言し、正規雇用労働者を「長期蓄積能力活用型」「高度専門能力活用型」「雇用柔軟型」の三つに分け、雇用政策の転換に着手したところから急速に拡大した。②さらに、ニート（Not in Education, Employment or Training の頭文字「ＮＥＥＴ」から）と呼ばれ、義務教育修了後、通学も仕事もしておらず職業訓練も受けていない一五〜三四歳の非求職型（就職希望はあるが求職活動をしていない）と非希望型（就職希望を表明していない）の無業者の増加という壁がある。これらは、効率的競争原理が支配的な社会の中で、青年たちが持ち味を生かして社会とつながって生きていくことを妨げる、作られた格差社会の壁でもある。

厚生労働省の『平成一七年版　労働経済の分析（労働経済白書）』（二〇〇五年）によると、就労対象人口の一五〜三四歳のうち、二〇〇四年は六四万人が若年無業者（ニート）であると推定報告されている。私は、具体的な調査とニーズへの対応が必要であり、このような青年たちを、働く意欲の乏しい「困った青年」とは考えていない。

3　親への聴き取りとライフコースの作成

学校における進路指導・キャリア形成の取り組みは、このような状況の中で大きな意味を持ち、人間形成、職業意識形成、職業能力形成の三つの視点からのアプローチが必要である。私は中学校での実践をもとに、大学でも「生徒・進路指導論」の授業で、学生たちに「親の進路選択と変遷」の聴き取り調査を課題にしてきた。学生は、親の思春期・青年期から現在までのキャリア形成を聴き取る中で、親の生き方と出会い直しをする。発達段階に応じて、話される中身も受け止め方も深化し、中学校と大学で同じような取り組みをしても、新たな発見が生まれる。

大学では聴き取り調査後に、今までとこれからの人生を考えながら、ライフコースを書いていく。縦軸に満足度、横軸に年齢をとり、変化の主な理由を事実と予測を含めて記入する。受講生は例年二〇〇名弱であったが、多くの学生の満足度が極端に下降している時期は四か所に及び、共通点が見られた。第一は、一〇代の思春期、中学高校の時期である。満足度下降の主な理由は、友人関係のトラブル、いじめ、受験勉強のストレス、受験の失敗、部活動での挫折、失恋などである。第二は、二〇代前半の大学の時期、まさに現在である。主な理由は、大学に馴染めない、将来への不安、就職への不安、人生への悩み、失恋などである。第三は、四〇代半ばの時期である。主な理由は、わが子の反抗、更年期障害、職場のトラブルなどを予測していた。第四は六〇代である。主な理由は、退職後の不安や自身の健康不安、親の他界などを予測していた。現代の青年層が生涯に渡って不安を抱えながら生活していると同時に、特に一〇代～二〇代の不安が非常に高く、大人や友人からの援助が必要な時期である。

4　青年が社会と出会うとき——ボランティア、インターンシップの可能性

学生たちは、ボランティア、インターンシップ、アルバイトなど、多様な形で現実社会との出会い

の場を求めている。たとえば学生の卒業後の進路選択に際して、親の願いの中心はわが子の「経済的自立」にあるが、学生は必ずしもそうではなく、「自己実現」（夢・希望へのチャレンジ）や「社会貢献」（ささやかな役立ち感）にも価値を求めている。「自分が本当にしたいことを見つけたい」「自分がしたいことにチャレンジしたい」「自分の仕事を通して誰かの役に立ちたい」といった気持ちを持っている誠実な学生は案外多い。

私は二〇〇二年から地域の児童館や青少年活動センター、単位制私立高校などと提携して、地域や学校における子ども・青年の居場所づくりに取り組むインターンシップの授業を開講してきた。この授業は、学生と子どもの関係だけではなく、仲間どうしが支援しあうピア・サポートの実践の場としても、大きな意味があると考えている。

現在の事業は、「ヨルのジドウカン（地域の中高生支援）」と「近江兄弟社高校ラーニングアシスタント（単位制高校での学習・生活支援）」である。学生たちは、中高生を対象として「遊ぶ、食べる、話す」ことを盛り込んだ毎月の事業の企画・運営と単位制高校での学習・交流・相談活動などを行っている。中高生の居場所づくりの取り組みが、実は学生たち自身の出会いと交流の場、成長できる居場所づくりにもなっている。

5 自己との対話から社会につながる学びへ――キャリア形成論開講

二〇〇四年度から新しく「キャリア形成論Ⅰ」という全学開講の授業を始めた。多様な学生が入学してくる中で、自己形成と人間関係、大学で学ぶ意味と進路選択といった課題に直面し、まじめに悩み戸惑いながら大学生活をスタートしている学生も少なくない。

授業の目的は、次の三点とした。

❶変容する社会と自己実現のテーマを、人文科学の諸領域を素材に考える。

❷自らの成長、人格発達を社会につなげる学びに高めていく道筋をデザインする。

❸幸福なキャリアとは何かを、授業を通じた相互交流の中で考える。

私の役割は、授業のコーディネーター兼担当者である。授業は連続講義形式で、教育、歴史、文学、哲学などの幅広い視点から「生き方」を考え合い、後半は社会人ゲスト、四回生のパネルディスカッション、受講生のディスカッションなどを通し、身近な視点から「学ぶこと・働くこと」について考え合う内容にした。以下に受講した学生の声を一部紹介しておきたい。

- 私はいつも、誰かと自分を比べて生きてきていた。でも講義を受けているうちに、自分は自分であって他の誰でもない。自分のペースでやっていけばいいと思えるようになった。（二回生）
- 全ての先生が共通して私たちに伝えたかったメッセージは、「やりたいことをやれ」ではないかと私は感じた。今できることを、どんどん挑戦しようじゃないかという、先生たちの熱意を感じた。（二回生）
- この講義で毎回楽しみにしていたのが、コミュニケーションペーパーのまとめでした。これを読むのが好きでした。みんなの様々な考えを知って、時には安心したり、時にはあせりを感じたりして、多

くの刺激を受けました。本音が詰まっていてよかったと思います。（二回生）

- もっとも印象に残った講義は、四回生四人のパネルディスカッションです。全員が本当に輝いていて個性的で、しっかりと自分というものを持っていることに衝撃を受けました。（一回生）

実際、好きなことを仕事にできて、生活が成り立っている大人が、どのくらいいるのか。同様に、これまでの人生の中で、第一希望を全部叶えてきたような大人は、どのくらいいるのか。しかし、その中を人々は生き抜いてきた。そこで求められる力は何であったのか。

私は、こうしたことを踏まえながら、中高生を対象とした出張講義で、内容が進路指導に関わるときに、次の点を強調している。大学生に対しても、この視点は大切である。

❶将来の進路の希望は、これから君たちが成長する中で変化していく。
❷自分が何に向いているのか、どんな適性があるのかといったことは、簡単にはわからないのではないか。
❸また、成長する中で、自分の適性も変わることがある。
❹だから、今希望を持っている人はそれを大切に、持っていない人は考えることを大切にしたらいい。
❺好きなことや第一希望を仕事にできればいいかもしれないが、希望がすべて叶う人生などまずない。

❻そう考えると、たとえ第一希望が叶わなくても、そのときのあなたはダメではない。
❼希望した進路ではなくても、そこで素敵な出会いがあったり、その仕事が好きになるかもしれない。合わなければ、本当にしたいことを考えるきっかけになることもある。
❽たとえ好きなことを仕事にできなくても、好きなことは大事にして生きるといい。
❾人生というのは、働くことだけのために費やすのではないのだから。
❿結論を急がずに、何のために働くのか、生きるのかをじっくり考えてみよう。

豊かな社会と言うのであれば、「二四時間働く戦士」の育成ではなく、せめてこの程度の幅をもって青年の多様な生き方を認め、本気で応援していく大人、社会でありたいと考えている。

1 実践

どの生徒にも輝く場をつくりたい

◉大阪・岸和田市立山直中学校　大久保　英次

本校は、生徒数七二〇名で、だんじり祭で有名な岸和田市の山手にある。だんじり祭に関わって、町会や青年団などの独特の地域の結束力が受け継がれている反面、青少年の非行が誘発される場合もある。校区には、桃の生産などの農業地域、府営住宅、建売住宅地域、大きな工場が並ぶ地域、スーパー・大型店舗・外食産業なども幹線道路沿いに並んでいる。農業地域では祖父母が同居しているという生徒が多い一方、府営住宅などでは経済的・家庭的に困難を抱えた生徒も少なくない。また、校区に養護施設があり、そこから二十数名の生徒が本校に通っている。

私は、二〇〇〇年度から学年主任を担当することになり、三年間を見通した実践をしていきたいと考え、学年づくりに取り組んできた。

▽1　当たり前の学校生活がほしい！

本校の生徒・保護者・職員、地域の人々が一番望んでいることは、「安全な学校であること」「落ち着いて勉強できること」だと思う。中学校現場は、「ごく当たり前の学校生活がほしい」というレベルで喘いでいる。

授業中の教室に煙玉が投げ込まれる、爆竹が校内で炸裂する、トイレ付近にはタバコの臭いが充満、電気のスイッチがこわされる、授業中に他クラスの生徒が窓から呼び出す、教師がそれを注意するとその何倍もの罵声が返ってくる、当たり障りのない対応の時は問題は起きないが一歩核心に踏み込んだとたんに悪態をついてくる。こういう状況の中で、二〇〇〇年度は、対教師暴力が頻発した。六月の体育大会を卒業生が妨害したことがきっかけで、校門前で数名の教師が卒業生に暴行を受けるという事件が起きた。それを引き金に、校内でも、対教師暴力、生徒への暴力事件、器物破損が頻発し、全校で二〇～三〇人ぐらいの生徒が授業に入らないで廊下などで遊び回るようになった。身の危険を感じて転校した生徒や不登校になる生徒も出てきた。

九月に「暴力を許さない学校をつくろう」という呼びかけを教職員一同で全校生徒に出し、何回か保護者集会や懇談会を開いて保護者に実状を知らせ協力を求めた。ＰＴＡも非常に協力的で、校門でのあいさつ運動、校内の美化活動、生徒会との懇談など、積極的に支援してくれた。新年度を迎え、校長、生徒指導主事、学年の生徒指導係が替わり、関係機関との連携を一層強化しながら、学校を変えていく努力を続け、少しずつ落ち着きを取り戻し始めた。

教職員が生徒指導に正面から取り組むことなしには「当たり前の学校生活」を得ることはできない。その生徒指導の柱は、「授業を大切にする」ということである。「総合」「選択」などを機械的に現場に持ち込むことで、生徒の学習習慣を崩し、とんでもない結果を生み出す危険性がある。しかし、どの生徒も輝く場面（出番）を作りながら、一人ひとりの生徒の生き方にかかわることを柱にした学習

（進路指導）を創造していけるなら、生徒指導や教科指導での努力と結合し学校を変えていく大きな力になる可能性もある。そういう思いを持ちながら、中学校における総合学習の模索をしてきた。

▽2 障害をもつ人たちから学ぶ（一年次）

一年次は、「人とのかかわり」をテーマにし、一学期はまずクラスで「友達の良いところ探し」などで仲間を知り合うことをし、三学期はその発展として、障害を持つ人たちと交わり、生きることや人とのかかわりについて理解を深める学習に取り組んだ。

まず、二クラス単位で分かれ、身体障害、視覚障害、聴覚障害を持つ四名の障害者の方に学校に来ていただき、それぞれの生き方や体験、手話の紹介などのお話をしていただいた。その後、疑問点と聞き取り後の感想をまとめた資料を使ってクラスで話し合った。

次に、ボランティアで障害者の介助などに携わっている市内のボランティアグループの方々に来ていただき、福祉体験を通じて学んでいくことにした。車イスの講座では、校内に設けたコースを、各班一台の車イスで移動し、操作の仕方、声のかけ方、溝や階段での注意点などていねいにご指導いただいた。点字・ガイドヘルプの講座では、二人一組でアイマスクをつけ白杖を持って歩く人・介助する人になって、障害物を置いた廊下や階段を移動したりした。手話の講座では、ジェスチャーゲームや手話による自己紹介、挨拶などを教わった。

この取り組みでは、岸和田市社会福祉協議会に立案の段階から関わっていただいた。最後に、保護者にも案内を出し、学習発表会も行った。ボランティアグループの方も、「よくない噂ばかり聞こえてくる中学校だったので、どうなることかと内心不安だったが、実際来てみると、みんな一生懸命やってくれて、そんな不安は吹っ飛びました」と誉めて下さり、会報に紹介していただいたりもした。

3　職場体験学習（二年次）

二年次は、地域との関係をさらに広げて、一学期に職場体験学習に取り組んだ。

各クラスの書記の生徒が、みんなからアイディアを募って、"WORK TRY DAY"と名前をつけ、ワッペンのデザインや、体験発表の方法を考えるなど、生徒の活動をできるだけ取り入れた。また、事前学習として、「身近な人からの聞き取りレポート」に取り組んだ。身近な人を一人選んで、その人に仕事にかかわることを取材してレポートを書いて提出し、クラスごとに冊子にし、みんなで読んで感想を提出するというものである。

三、四月で、職員が地域分担して事業所や福祉・教育関係、商工会議所などに依頼に回り、PTAにも協力を要請し、六七か所の体験受け入れ承諾をいただいた。生徒の希望調整をして、最終的に五五か所で実施することになった。一か所で平均二〜四名だが、Y幼稚園、消防署、公園管理、製菓専門学校など十数名の生徒が行く所もあった。

Aさんは、この取り組みの最初から、「私は保母さんになりたいから、保育所に行くんや」と言っていた。公立の保育所の場合、事前に検便を受けなければ職場体験に参加できないという関門がある。

彼女は、平素、学校には登校しているが教室に入れないで校内をウロウロしたり授業のじゃまをして過ごしているという生徒だが、この検便も期限までに提出し、当日もみんなといっしょに保育所での職場体験に参加した。

Bさんもふだんは時折しか授業に参加せず、校内で喫煙したり、教室に入っても携帯電話を使って注意されてトラブルを起こしたりしていた。しかし、職場体験では一人だけ受け入れを承諾してくれた「喫茶店」に行くことになり、ずいぶん楽しみにしていた。私たちの方も、友達のいない所の方ががんばりを見せるだろうと期待していた。ところが、喫茶店の奥さんが体験の二日前にケガをされて、実施できなくなってしまった。他の飲食業に一名追加してもらえるか打診してみるから、もしOKなら行く意志があるか（喫茶店と違って個人経営ではないから頭髪・服装も厳しいので、それをクリアできるかということも含む）、と担任がBさんに聞くと、彼女はその担任にわめき散らした。母親に連絡を取って状況を話すと、今回は辞退しますとのことだった。担任の話では、わめき散らす彼女の姿はいつもの悪態とは違って、一生懸命自分を抑えようとしているのが伝わってきたとのことだった。担任に文句をぶちまけることで、「奥さんがケガではあきらめるしかない」と自分に言い聞かせているようだった。職場体験にかける期待がそれだけ大きかったということだろう。

▽4 全員参加の文化祭

本校の文化祭では、各学年で劇の役者やスタッフを募集し、有志生徒が放課後毎日残って練習・準備して劇を完成させ、当日は学年別に登校し、同学年の生徒に劇を見せるというやり方でやってきた。やる気のある活動的な生徒を集めて学年の教師全員で指導するのだから、高校の演劇部のようなレベルの高い劇が完成する。しかし、この劇のために教師の手が取られ、夏休みに定着させた部活動も九月の短縮後は活動停止状態になる。私は、こんなやり方をしていると、「荒れ」はますますひどくなると何度も主張してきた。

私たちの学年では、一年次に、生徒たちで文化祭実行委員会を設け、どんな文化祭をするか、どんなテーマを掲げてどんな企画をするかを話し合わせた。全員が何かに参加できるようにしたいということになり、「劇（杜子春）」「踊り（よさこいソーラン）」「展示（クラスパネル）」の三つの企画のどれかに全員が必ず入ることにした。

二年生でも、そのやり方を引き継いで、「劇（僕が見つけた生き方）」「和太鼓」「展示（職場体験）」の三つの企画を立てた。劇は、「二四時間テレビ」で見たドラマをもとに生徒が脚本を書き、中学生の生き方をテーマにした非常に感動的な劇に仕上がった。展示は、職場体験学習の事業所ごとに模造紙に体験内容や感想をまとめた。また、パソコン係を設け、職場体験学習のまとめの冊子の製作にも取り組んだ。

Cさんがこんな感想を書いた。

文化祭で劇をするか、太鼓をするか、とても迷ったけど、太鼓にしてヨカッタ！　練習はめちゃめちゃしんどかったし、本番はちょぴっと緊張した。私は龍神太鼓をやったけど、自分的にはすごい満足！

かけ声も音も迫力あったと思うし、みんな感動しましたか？　自分でやってみて鳥肌が立ちました。劇もみんな声が出ていて、ハキハキしててよかった！　細かい衣装や小道具、大道具、美術もていねいですごい！　音響も証明もピッタリ合っててすごくよかった。展示も時間が少なくてあんまり見れなかったけど、努力しているのがすっごく伝わってきた。全部、全部よかった！　すっごくいい文化祭になりました。

5　沖縄学習と修学旅行への取り組み

二〇〇〇年四月、一年次がスタートしてすぐ、三年次に沖縄修学旅行を実施する方針を決めた。その前年一一月に岸和田市教育委員会が決定した修学旅行における飛行機利用に関する要項に従って、全保護者の航空機利用の承諾を得るなど、諸条件を整え、市内で初めての飛行機利用の沖縄修学旅行を実施することになった。二年次にその事前学習として、「沖縄を知る学習」を計画した。

まず、一〇月に、平和学習資料による学習と『かんからさんしん』の映画上映会をした。一一月には、『命どぅ宝――沖縄からのメッセージ』を見て、沖縄戦の歴史や戦後の沖縄の歩みについて学習した。一二月には、各クラスごとに「沖縄の文化」「料理」「方言」「自然」「観光」「基地問題」など、テーマを決めて自分たちで沖縄のことを調べていくことになった。

各クラスで五～六つの班をつくり、クラスのテーマをさらに分けた小テーマを決め、各班で調べたことを模造紙一枚程度にまとめ、学年全体で冊子を作ることにした。

放課後、コンピューター室を開放して、インターネットで各班が自由に調べられるようにした。一人の先生が付きっきりでインターネットの検索の方法などを指導し、最終日には部屋が生徒でいっぱいになるほどだった。

三月に沖縄学習発表会をした。今回は展示に力を入れたので、学年集会で各クラスから展示内容の紹介をした後、展示評価票を持って展示をしっかり見て回るという形の発表会にした。保護者には、その日から始まった期末懇談会で見ていただくようにした。

三年次、いよいよ修学旅行である。沖縄への下見の結果、修学旅行の三日目にタクシーによる班別行動を取り入れることにした。事前の相当な取り組みが必要であるが、教師の目の届かない所で自分たちの力できちんとやり遂げるというハードルを越えさせたいと考えた。

修学旅行の実施にあたっては、服装をどうするかが問題になった。何しろ市内で初めての沖縄修学旅行だというので注目されていることもあり、話し合いは難航したが、制服では困難という結論に達した。生徒たちの方でも、連日委員長会議を開き、修学旅行の目標、きまり、服装、タクシー班別行動の約束事などを話し合い、クラスにおろしていった。みんなでルールを守って行動することなど、三つの約束を全クラスで確認し、私服が職員会議で認められた。少しずつではあるが、自ら律することができる集団になりつつあると思う。

今、二年と少しが過ぎたところで、まだ模索中である。新しいことにチャレンジしてきた学年の教師集団の熱いメッセージは、いつかきっと生徒たちに受け止められると信じている。

2 実践

和光中学校の秋田学習旅行

◉東京・私立和光中学・高等学校　両角　憲二

和光中学校が五泊六日の秋田学習旅行を始めたのは一九七七年。以来、学校とわらび座と農家の三者が力を合わせてきた。実施するたびに職員会議と生徒の実行委員会で総括し、また、わらび座と農家の意見・要望も聞き、翌年度に生かしてきたから、内容は少しずつ変わってきた。二〇〇二年度には実施学年を三年生から二年生に移した。

和光中学校では、この学習旅行の目標を次のようにおさえている。

❶わらび座で太鼓と踊りに挑戦することを通して、身体と心を解放する。そのなかで自分と仲間の新たな面を発見する。

❷農家の人と農作業をすることを通して、働く手ごたえを感じとる。また、その経験をもとに現実の農業をめぐる問題や食糧問題を考える。

❸農家とわらび座の人たちの働きがいや生きがいにふれ、働くことと生きることに目を向け、自分の学びや生き方を考える。

❹実行委員会を中心とした運営を学ぶ。クラスあげての祭りづくりと班で協力して働くことを通して、自分と仲間の新しい面を発見する。学年の交流を深める。

この目標を実現できるよう日程を組んでいる。その概略は次のとおりである。

日程	午前～午後	帰舎後	夜
1日目	東京⇩角館⇩わらび座（観劇）	祭りづくり打ち合わせ	各自、個人ノート記入
2日目	祭りづくり①　祭りづくり②　＆発表会	感想交流HR	
3日目	農作業①　農作業②	感想交流HR・班会	
4日目	農作業③　農作業④	各農家での交流会	
5日目	農作業⑤　農作業⑥	お別れ感謝の会	
6日目	わらび座発⇩田沢湖ハーブ園⇩田沢湖⇩東京		

1　事前学習

◆総合学習の時間

四月当初から週二時間の総合学習の時間を学習旅行向けに組むという案もあり、そのように実施した学年もある。しかし、七月には千葉県館山市での全校水泳合宿があり、その先の秋の学習旅行に気持ちを向かわせるのはなかなか難しい。六月末に秋田オリエンテーションを行い、それを受けてクラス内での二学期三役（学習旅行実行委員となる）選挙、班長選挙と班編成、そして農家宛の班紹介（班の写真と自己紹介文）づくりなどを行うのがせいぜいである。

二学期に入って準備は本格化する。和光中学卒業生でわらび座員の渡辺哲さんに「私とわらび座」といった題で講演してもらう。そのなかで渡辺さんは、「三宅島太鼓」をたたき、「ソーラン節」か「鬼剣舞」を踊ってくれる。これで生徒の気持ちは一気に秋田モードになっていく。前年に先輩から「和光中はいろいろ行事があるけど、秋田が最高」と聞いた話が思い出されたりする。

それに続けて秋田関連学習と学年合唱の練習を組む。旅行五日目の夜に持たれる「お別れ感謝の会」のための学年合唱である。実行委員会は秋田現地での生活ルールの原案をつくり、学年総会で承認されてからは「しおり」づくりに精を出す。また、合唱パートごとの昼休み練習、放課後練習を呼びかけたりする。

学習旅行のリーダーは、皆に呼びかける際、「とにかく一生懸命働けば感動するらしいよ」「農家の人は学年合唱、特に『大地賛頌』を楽しみにしているらしいよ」といった伝聞形の訴えにとどまらざるを得ない。教員からのサポートとフォローを要するところである。

◆教科学習として

社会、理科、技術の授業のなかでも秋田関連学習を行なっている。年度と担当教員で変わるが、社会科で新聞切り抜きを用いての「農業新聞」「コメ新聞」づくり、理科で光合成の学習やバケツ稲栽培・近くの田畑に出かけての稲や野菜の観察、技術科で小麦栽培とそれにつづく脱穀・製粉・パン焼き・うどん打ち、農薬に関する学習……と、教科内容と関連させて多種多様な工夫を凝らしている。

2　わらび座と農家での体験

◆観劇

一日目、わらび座に着いてすぐ、わらび座の舞台を観る。民族芸能をふんだんに取り入れたミュージカルである。観劇後、ステージの裏側も見せてもらい（これが後のクラス演劇に生かされる）、座員（ついさっきまで舞台に立っていた役者さん）から説明を受ける。その後、クラス三役と翌日の祭りづくり指導担当のインストラクターの間で打ち合わせを行なう。

◆祭りづくり

二日目、四つのクラスに分かれて、「三宅島太鼓」と「ニューソーラン節（ロック調）」を二名のインストラクターから習う。インストラクターはほとんど前日の役者さんである。憧れの人から習うのであるから熱が入る。生徒の覚えの早いのには舌を巻く。

「三宅島太鼓」と「ニューソーラン節」の前後と間にそれぞれ工夫したパフォーマンスを入れ、クラスごとの「祭り」をつくっていく。そのなかで「えーっ、○○君があんなに真剣にやっている」といった発見がいくつもある。クラスがまとまっていく。

そして、わらび劇場での祭り発表会。互いの舞台を讃えあっての発表会は気持ちが良い。終わって充実感に満たされる。クラスに分かれての感想交流会では、「わらび座に入りたくなった」「これで学

農作業体験は教育力豊かな学習

習旅行が終わっても十分満足」と言う生徒もいるほどである。

三日目からは、生徒は班ごとに分かれて二八軒の農家に通う。中学生相手に三日間の農作業をつきあってくれる農家は限られるから、広範囲に点在することとなる。

わらび座から出発した四台のバスは主要道を走り、農家近くで各班の生徒を順番に降ろしていく。バスから降りると、そこに農家の軽トラックが迎えに来ている。農家に着くと、まずお茶を飲みながらの自己紹介と作業の説明が行われる。

そして、いよいよ農作業。作業内容は稲刈り主体であるが、農家によりかなり異なる。同じ稲刈りでも刈り取りから脱穀までを機械で行ってしまう農家もあれば、天日乾燥にこだわり、束ねて「はさ」に掛けるところまでを行う農家もある。畑作やキノコ中心で、稲刈りを行わない農家もある。

そうした違いはありつつ、ほとんどすべての生徒にとって農作業は初体験である。最初はおっかなびっくり教えられたとおりの手順で作業に励む。なれてくると進んで仕事を見つける生徒もいる。それをほめられると、他の生徒もそうしようという姿勢になっていく。

農作業の様子を語ればきりがない。農業という仕事の持つ教育力なのか、土・大地の持つ教育力なのか、生徒は確かに変わっていく。宿舎のわらび座に帰り、温泉につかりながら、一日の仕事をふりかえる。

「こういうことをやった。ああいうこともやった」「とうさん、かあさんって呼べた。呼んだらなんだか親しくなった気分」「もっと仕事をしていたかった。明日はどんな作業をするのか、チョー楽しみ」……といった会話がにぎやかに交わされる。とうさん、かあさん自慢、仕事自慢になっていく。遠くの農家に出かけた班の生徒は最初「農家に着くのが一番遅くて、帰るのは一番早い。作業時間が短くてラッキー」と言ったりするが、しだいに「なんだか損した気持ち」になっていくらしい。

四日目は農作業の後に農家で夕食をとりながらの交流会をもつ。そこで、とうさん、かあさんは農業に携わる喜びや生きがいを語ってくれる。国の農業政策の貧困や矛盾を語ってくれるとうさんもいる。後継者難の問題、農村花嫁不足の問題を話してくれるかあさんもいる。じいちゃん、ばあちゃんが話に加わってくる農家もある。生粋の秋田弁はほとんど聞き取り不能だが、生徒は分かっている風を装いニコニコうなずいているらしい。生徒にとって、三世代同居、四世代同居の家族はいかにも新鮮で、家族のありようなどについても考えをめぐらせるようである。

農作業三日目（全日程の五日目）。午後になると、ほとんどしゃべらず黙々と働く生徒が多くなるらしい。「今日で終わり」「明日でお別れ」という意識がそうさせるようである。

宿舎にもどり、入浴、夕食をすませたあと、「お別れ感謝の会」が始まる。農家とわらび座の人たちに感謝の気持ちを表し、お別れする会という意味である。

学校代表、農家代表のあいさつ、生徒有志による出し物、わらび座からのあいさつと民舞（沖揚げ音頭）、各班長からの「農家紹介」とつづき、学年合唱と感想文の発表へと進む。感想文は毎晩記入した一六〇人の個人ノートから五、六編を選んだものである。この会について、最終日のノートに次のような文章を書く生徒もいる。

「合唱、作文、合唱、作文……とつづけて感動の世界にひきこんでいくのが和光中学のいつもの手だ。僕は、絶対その手に乗らないと決めていたが、気がつくと泣いていた」

この会を終えると、農家のとうさん、かあさんと抱き合って泣く生徒の姿が目立つ。

3 文化祭——展示と「秋田学習旅行報告発表会」

和光中学校の文化祭は一〇月末か一一月初めに開催される。国語の授業でつくった秋田学習旅行を題材にした俳句、理科、技術、社会の個人レポートなどを教室に展示する。班ごとに模造紙一枚にまとめた「農家紹介」を廊下に展示する。これが国語の授業で学んだキャッチコピーを生かしてなかなかの傑作ぞろいである。

文化祭一日目に、一年生と三年生向けに「秋田学習旅行報告発表会」を持つ。内容は有志による太鼓とニューソーラン節の踊り、学年合唱と感想文発表である。一年生は翌年のことを想像しながら、三年生は一年前を思い出しながら、見て聞くことになる。

二日目は父母・校外向け「報告発表会」を大教室で持つ。二四〇席ではまったく足らず五〇～六〇人が立ち見となる。秋田から七、八軒の農家のとうさん、かあさん、あるいは後継者の息子さんもかけつけてくれる。弾けるような踊り、一六〇人の学年合唱、そして感想文発表のときには照明を読む者に当てるスポットライトだけにして、ステージ後ろの白壁に秋田で撮影した写真を次々と映していく。臨場感と笑いを誘う。

秋田から帰った子どもが「秋田のとうさんがこう言っていた」「かあさんの料理がどうだった」と話してくれるのを聞くのは、親として嬉しいものである。しかし、それがあまりにつづくと、「あなたの親は誰なの？」「本当の親に対する感謝は？」……といった気持ちが起こるものらしい。一種複雑な思いをかかえて参加した少なからぬ父母が、学年合唱や感想文を聞き、「親から愛されている安心感があるから、我が子は見知らぬ土地の見知らぬ人の懐に無防備にとびこんでいけたのだ」と納得できるのが、この会である。

4　総合ということ

以前、広島市の中学校のK先生から、次のような文面のお手紙をいただいた。

「私の学校・学年では平和をテーマにした総合学習を組んでいます。その最後のまとめをどうするか、なかなか決められないできました。和光中学校の秋田学習旅行報告発表会を見て、これだと思いました。私がさがし求めていた理想の形があの発表会でした」

秋田学習旅行報告発表会が総合学習の最後のまとめ……ということは、秋田学習旅行を総合学習と考えていいのか、と逆に教えられた気分であった。

いくつもの教科で学んだ力を総合する。学校で学んだこと、新聞、雑誌、テレビなどから得た情報、取材活動で得た情報や意見を総合する。班の六人の知識や力を総合する。クラスとして七つの班の力を総合する。四つのクラスの力を総合する。考えてみれば、こうした何層もの総合を重ねて秋田学習旅行は成り立っていたのだった。

そして、何より学校、わらび座、農家の三者の力を総合して営々とつくってきたのが秋田学習旅行であった。「秋田総合学習旅行」と呼んでいいのかも知れない。

わらび座は、和光中学校の学習旅行をベースにして多くの学校の「わらび座修学旅行」を生み出してきた。一日の体験農作業を受け入れてくれる農家は五〇〇軒になるという。わらび座が地域に根ざす大きな力となっている。後継者難に悩む農村にあって、和光中学校の生徒を受け入れる農家では後継者が何人も育っている。受け入れ農家の子どもたちは、「東京からわざわざ来て、喜んで農作業をしている。農業っていいものなのかも」と意識を変えられるのだという。また、この地域でグリーンツーリズム（滞在型農林漁業体験の旅）が先駆的に広がっているが、その中心になっているのがこれらの農家なのだという。和光中学校から毎年送られてくる農家紹介の模造紙がグリーンツーリズムを生むひとつのきっかけになったという。

三者のそれぞれにプラスを生み出し、生み出されたそのプラスがまた総合されていく。秋田学習旅行はどこまで発展していくのか、考えるだけで楽しい。

3 実践

一人ひとりが分かり合って　つながり合って

◉京都・与謝野町立加悦中学校　浦島 清一

▽1 地域の中の子どもたち

京都府北部の名勝「天橋立」から車で三〇分ほどの所にある宮津市立養老中学校は、各学年一クラス、全校あわせても五〇名にも満たない小規模中学校だ。

この地域の主な産業の漁業と農業は、将来への見通しはなかなかなく、親の多くは町の中心部へ働きにいき、過疎地とはいいながら、あまり親の生活が身近ではない。生徒たちも七月に職場体験を行い、その時初めて「農業」や「漁業」を知ることが多かった。

また、生徒は保育所から中学校までずっと同じメンバーで、ほとんど変わらない集団で過ごしてきた。生徒のいる地区は全部で七地区。だが、同級生が少ないため、小さい頃から一人遊びの時間が多く、遊びといえば読書やゲーム、そして最近ではパソコンで時間を過ごすことが多い子どもたちだ。日曜日でも、子どもたちが地域で群れて遊ぶ姿はほとんど見られず、同じ野球部に入っている同士で、近くに住んでいるにもかかわらず、一緒にキャッチボールをしたことがなかった、という話をあとになって教育懇談会で聞いた。

2 二年生の横顔

私が二年生を担任するに当たって、年度当初に目標として考えたことは次のようなことだった。
❶一人ひとりが、自分の持ち味を自覚し、その力を出し合える学級。
❷自分の進路を考え、家庭学習を定着化し、基礎学力を身につけ、頑張りあえる学級。
❸自分たちの生活を自分たちで作り上げ、生活することができる学級。
❹保護者と連携し、生徒の生活と学習をサポートできる関係を創り出せる学級。
二年生の集団はわずか二一人だが、実にいろいろな生徒がいた。中学校に入る時に大阪から転校、丹後半島の豊かな自然と生活に憧れてやってきたAさん。人と接することがうまくできず、自分でも自分の気持ちをつかめず、時には突然泣き出したり、ハイテンションで騒いだり、その反対に極端に落ち込んだりするBさん。また、一学期に数日休んだが、不登校と言っていいのかどうか、自分の生活の中で、時々学校を休んで自分の生活リズムを調節しているのではないかと感じられたCさん。

このように一人ひとりを見ていくと、実にさまざまな生徒がおり課題があった。そして、小さいときから一緒に生活し、数少ない一人ひとり同士なのに、お互いに理解し合っているかというと必ずしもそうではないところが目立った。

この二一人の生徒とどうかかわっていくかと考えたとき、私はクラス作りの取り組みの中心に通信活動を置くことを考えた。それは、小さいときからほぼ同じ集団で育ってきているにもかかわらず、お互いのことをよく理解していない、あるいは「この人はこういう人だ」と決めつけているところがあると思えたからだ。中学校時代は思春期のまっただ中、肉体的にも精神的にも大きく変化する。この時期にお互いをしっかりと見つめ、共に変化するもの同士として、認め合い・育ち合うことが大切なのではないか、と考えたのだ。また、普段の生活の中でも、生徒たちはお互いの心を出し合っていないし、かかわりあっていないないように感じられた。

これを打ち破る一つの方法として、「学級通信」を活用し、通信の継続的な発行により、生徒同士をつなげていけないかと考えたのだ。私自身は、新任の時から学級作りの一つの手だてとして学級通信を発行してきた。しかし初めの頃は、通信を発行しなければと気負うばかりで、年度当初は頑張って発行するものの尻つぼみになり、最後の頃に言い訳のように出すこともあった。

しかし二〇年ほど前の非行のピークといわれた時代に、学級通信を通じて生徒たちに呼びかけたり、あるいは学年主任をした時には、クラスとクラスをつなげるために学年の動きの情報紙として学年通信を出し続け、こちらの本音をぶつけながら生徒からも思いを出させたりして、それが「学校の再生」の大きな力になった経験を持っていた。

それらの経験から、毎日の発行は無理でも、続ける中で、生徒のいろいろな思いや意見をのせ、それを読みあう中で、お互いの思いを分かり合うこと、そこからさまざまな取り組みをつくり出し、つながりあいを作ることができるのではないかと考えた。

▽3 学級通信のスタート

始業式、担任としてみんなと出会い、新しいクラスがスタートした。学級通信の第一号はちょっと奮発してカラー刷りだった。冒頭には「世界で一つだけの花」の歌詞をのせて、私の思いを伝えた。「イラク戦争が現在行われている中で、私たちのかけがえのない生命（いのち）を大切にし、一人ひとりの違いを認め合いながら、生きる中身を充実させていこう。たった一度の人生だからこそ、自分を大切にするということと、自分の命と同様に他人の命を大切にすることを考えたい」と呼びかけた。

数日間続ける中で、生徒たちに通信の名前を考えてもらい、「HERO→S」に決まった。「一人ひとりがこのクラスのヒーロー、一人ひとりを大切にしよう！」という思いを込めた名前だった。

通信の初めの頃は学級作りの特集だ。役員体制や「二年生になって」など、それぞれの思いを交流させながら、帰りの学活で読み合い、対話することを続けた。最初は「毎日発行は無理だから」と言っていたが、次第に「ともかく一か月だけ続けてみようか」という思いに変わってきた。それは単に自分自身の思いの高まりだけでなく、毎日通信を読む中で、生徒たちからも毎日の発行を期待しているような反応を感じたからだ。こうして通信「HERO→S」は始業式から始まり、とうとう二年間（合計二七八号）、毎日続けられることになった。毎日発行が必要かどうかといえば、必ずしもそうではないのかもしれない。現代の忙しい日常の中で、通信の発行とはどういう意味があるのか考えながら続けてきた。その意味で大切にしたことは、

HERO→S

H15
(2003）年
7月17日発行
NO72
宮津市立養老中
2　年

よかったなあ

まど・みちお

よかったなあ　草や木が
ぼくらの　まわりに　いてくれて
目のさめる　みどりの　葉っぱ
美しいものの　代表　花
かぐわしい　実

よかったなあ　草や木が
何おく　何ちょう
もっと数かぎりなく　いてくれて
どの　ひとつひとつも
みんな　めいめいに違っていてくれて

よかったなあ　草や木が
どんなところにも　いてくれて
鳥や　けものや　虫や　人
何が訪ねるのでも
そこで動かないで　待っていてくれて

ああ　よかったなあ　草や木がいつも
雨に洗われ
風にみがかれ
太陽にかがやいて　きらきらと

＊　7月生まれのみなさんに贈ります。私たちの命があって、まわりの草や木やけものや虫がみんな生きていて。「生きている」ー一つ一つが生きているということを大切にしたいですね。

あと二日で一学期が終わります。そして7月にも誕生日を迎えた仲間がいます。

　七月五日に十四才となった馬場謙司君、七月十六日に十四才を迎えた野田明日香さん。そして明日〇〇才を迎える浦島清一君、誕生日おめでとうございます。

　七月のこの暑いとき（今年は違うけど）にあなた達を生んでくれたお母さんの苦労が本当によくわかります。お母さん本当にありがとう！

みんなで考えてみた
幸せって何だ・・
友情って何だ・・

　映画の感想をしっかりと読みあった。読んで、みんなで考えあった。何で僕達はあの「幸せって何」という問いかけのクラス討議に感動したんだろう？

　ある人はイノさんの死から、生きることの大切さを学んだという。一体なぜなんだ。その場では言えなかったけど、授業後の感想で、「僕は初めて今日の授業で『幸福とは何か』考えました。僕は生きることだと思いました。生きることは素晴らしいなぁと思った。だから命は大切だと思った。」と書いてくれました。

　そうだ、生きていることの喜び、それが幸せにつながるんだと思いました。

　また、あの夜間中学校は何であんな話し合いができるんだという問いかけにたいして、「友情」があるから、という答えがでてきました。


　作文の中で、「僕達のクラスで友情が高まればいい」という思いも語られました。でも「友情」って何だ、との問いに対して、「お互いをわかってやること」「相手を大切にすること」というこたえ。だとしたら、あのクラスで大切にされていることは何だろう。「一人一人が自分の意見を持ち、その意見をみんなに伝え、そして、他人の意見を真剣に聞くこと」こんな意見がみんなの中から出てきたのです。みんなの表情から力が抜けて、ほっとする様子が伝わりました。

　そして、クラスの目標である、「みんなが、リラックスできるクラス」にむけて、もっともっと一人一人がお互いを知り大切にするクラスを作りたいなって思ったのです。

　学習を終えての感想をいくつか紹介します。

＊　パッと言葉では表せないけど、幸せって言うのはこういう感じなんだなとわかるようになってよかったです。

＊　このクラスももっと友情が深まればという意見を元に話し合ったところ、一人一人ちゃんと意見を持つとか結構考えさせられる意見が出ました。

＊　僕は「友情」を感じた。仲間とは、お互いを高め会える人、信じ抜ける人、助け合える人だ。みんなで過ごしやすいクラスを作れば「仲間」を大切にできるクラスができると思う。

もう、本当にみんなが素晴らしい！こんな事を考えて書けることが素晴らしい！

＊　人権なんてどうでもいいやんと思っていたけど、話し合っているうちに、僕らにも関わっていることを知り、すごく考えるようになった。自分の意見を持つことができることはとても大事なのと、仲間は大事なことがわかりました。人権学習は個人の問題じゃなく、クラスの問題だとわかった。

＊　この人権の学習はちょっとむずかしいと思ったし、奥が深いなぁと思った。みんなが自分から発表したりできるように、そういう場を作ったり、作ってもらったりして、自分の思いが今より言えたらいい。

＊　一番共感したのは裕介君の感想だった。本当に友情にあふれてる。あのビデオは、人の人生のことや、命の大切さなんかがよく分かってよいビデオだった。

＊　みんなの意見を聞いていると「まーそれもそうだなー」とか「あーそういう考えもあるんだな」とか思った。やっぱり人間いろんな人がいた。

＊　みんな全然違う考えをしていた。坂ちゃんの朝鮮人の差別では、僕も全く同じ考えだ。・・友情については太郎君、とっさにあんな意見が言えてすごい。

＊　この授業で、仲間の大切さを考えさせられました。一人の意見をみんなが真剣に聞くと言うことは大切だし、それが当たり前のこと。でもそれができないからダメなんだなと思いました。

本日地区懇談会
夜7時半より　ミーティング室

-1-

学級通信「HERO→S」

- 生徒たちの姿をできるだけ伝え、家族に生徒たちの生活の様子がわかるようにする。
- そのために、生徒自身の作文をできるだけ紹介する。
- できれば家族も通信に加わってもらい、子どもと親の意見交換の場ともなるようにする。
- 学習内容についても取り上げ、その中での子どもの様子を紹介する。
- 通信はできるだけ読み、読みながら子ども同士が思いを伝え合えるようにする。

などだった。毎日出し続ける中で、通信に対する生徒や保護者の思いも変化してきたようだった。

4 父母の参加、授業との連動

「学級通信は誰を対象に出すのか」という問いが時々聞かれる。基本的には生徒だが、もちろん家庭を意識して文章が書かれることも少なくない。そして、今までは家庭はほとんど受け取り手となっていたが、私たちは家族も通信に参加してもらうことを目標においた。生徒たちの姿を見ながら親もそれぞれの思いを書くのは、正直なかなか難しいことだが、「二年生になって生徒たちの様子はどうですか、お聞かせ下さい」と大胆に呼びかけたところ、けっこう反応があった。

「今までは上級生を目標についていくのに精一杯だったのが、これからは下級生の手本となっていかなければならないということが我が子を見ているとよく分かります」と、生徒の姿をしっかりと見てくれている声。また「いろんなことにチャレンジして、人生の引き出しをいっぱい作って」と激励をしてくれる声。通信に対しても「学校と生徒と保護者、三者間の情報交換の役割を果たして頂けますよう」と期待の声が挙がった。

通信が、単に「教師から生徒へ」の媒体を超えて、通信を通じてこの共同作業に親も参入するチャンスをつくることができるのではないかと実感した。

人権教育や道徳・社会の授業とつなげて通信を使ったこともある。社会では教材と関係した情報を通信で扱い、また人権教育では、映画『学校』を見ての感想を通信で特集した。その後、感想を読みあいながら、「あの映画に感動したのはなぜなのか」という問いかけから始まって、みんなで映画の場面と同じように考えあった。「本当の幸せってなんだろう」「私たちが生きていく意味とは？」通信でみんなの感想を読んだあとの討論では、ポツポツとした発言ながら、一人ひとりが自分の言葉で語り始めた。「なぜあのクラスはあのような討論ができるんだろう」「僕たちのクラスに欠けているものは何か」「一人ひとりの発言が大切にされている」「一人ひとりがしっかり考え、意見を言う。それをみんなが真剣に聞くという点が違うんだ」。授業の最後にみんながまとめた答えはこのようなものだった。その後、感想を書き合い、また通信に載せた。

「僕は友情を感じた」「人権はどうでもいいと思ってたけど、すごく考えることができた」「みんな全然違う考えをしていた。朝鮮人差別については、S君と僕も同じ考え、K君とは友情について同じ考え……」と意見が寄せられてきた。

数日経ってある保護者と会ったとき、「先生、生徒ってすごいんですねぇ。私とても勉強させられました」と言われた。通信が教室から家庭に広がり、子どもへの見方を変えていく大きな役割を持っていると実感した。

5 あらためて「学級通信」の役割

私は今のような時代だからこそ、あらためて学級通信の役割が大切だと思っている。

第一に、子どもをめぐる様々な思いがある現代社会において、父母と教師が子どもの今に対する理解を共有していく上で重要な意義をもつ。自分の子しか見ることができない傾向が強い中で、学級通信によって自分の子どもはもちろん、他人の子どもの声を聞き、子ども自身が変わっていく姿を目にし、子どもの成長の素晴らしさに驚嘆し、またあらためて自分自身の子どもに対する見方を深める。

第二に、私たちの通信には多くの文章を載せている。一人ひとりの思いをていねいに取り上げることにより、お互いの意思疎通、他人への理解を深めることの大切さを学んでいく。

第三に、親子がなかなか共通の話題を持つことができなくなっている中で、学級通信を手がかりに家族の話し合いの材料が見つかる。さらに、教師としては、通信を介して子どもたちの変化を大切に見るようになり、子どもの見方をいかに豊かにしていくのかを毎日問われながらの実践となる。

時間に追われる現代社会で、私自身はあえて学級通信を続けることで相互理解の場を創ってきた実感がある。学級通信が、子ども同士、さらには父母・教員・子どもたちの共通の場を創り出す上で大きな働きをすることに手応えを感じている。

（この報告は、前任校・宮津市立養老中学校での実践をまとめたものです。）

ナビ 6

《切り離されたくない》《つながりたい》思いがあふれる場づくり

◉日本生活教育連盟研究部・慶應義塾大学　藤本　和久

受験や就職という過酷なレースが日々の生活にのしかかる中で、総合学習はどのように子どもたちに「消費」されているのだろうか？　受験準備の内容に実質的には振り替えられているのだろうか？「息抜き」としての時空間を提供する枠になっているのだろうか？　たとえ受験という制度がなくても、自分の力で進路をにらんで踏み出すことを迫られるこの時期だからこそ、少し先を生きる教師たちにも伝えたいメッセージは厚く重くあるのだ。

好むと好まざるとにかかわらず、日本の若者はゼロサムゲームに巻き込まれる。学ぶということが他者との間において成り立つなどとは想像もできないほど排他的な「個別化」が進行していく。第3章で四人の教師たちが、総合学習や演習を通じて、つながりあうことや出会い直しを図ることを切に願い、そこに学びの再生を見出そうとしていることは、ある意味で、学校という制度の中で生み出された綻びを、学校自らが学校に子どもたちがいる間に丁寧に修繕していこうとする、目下の地球環境問題をめぐる悲劇性にも類似しているように思われる。この課題は、発達上の必然もあるのかも知れない。しかし、学校の教育課程全体が抱えている問題である可能性も大きく、ひとり総合学習の学びの転換だけで一点突破するのは相当困難を伴うだろう。にもかかわらず、「学級通信」（浦島実践）、「職場・体験学習・文化祭」（大久保実践）などを積極的に位置づけて、誰もが「出会うこと」や「つながりあうこと」の実質的意味を強調しながらそれに成功しているのは、驚きと同時に、思春期・青年期の彼らの「本当は切り離されたくない」という要求の強さとを感じざるを得ない。

一方、彼ら若者たちが社会、あるいは家庭にいる大人たちとどう向き合い、つながりあえるかということもまた重要なテーマとして認識される必要があるだろう。大久保実践の「職場体験学習」にしろ、両角実践の「農家の人との農作業」にしろ、ある種の「訓練」的側面が主張されるのではなく、そこでの大人たちとの出会いのほうが重視されているところに注目する必要がある。学校（や若者文化）の中で閉じたコミュニティを形成しがちであった彼らが、異質な生活者と向き合い、その照らし返しと交流とで自らの「生活」を更新していく。また、近年の若者バッシングの風潮に乗ってしまっている大人たちの側にも若者との出会い直しがあり、決して一方向の徒弟関係を創り出すのでない。親との関係はさらに複雑である。思春期から青年期にかけて、精神的（ときには生理的）嫌悪を本人も制御できぬままに抱きがちである。浦島実践のように「学級通信」に父母が参加してくることは、子どもたちにとっても親理解のきっかけとなるわけで、まさに双方向の「共同作業」になりうるだろう。両角実践においては、親の本音が見え隠れする中で、彼らも子どもとともに変わっていく手立てが示されている。また高校生や大学生の若者が自らの進路を考えていくうえで、春日井実践のように、その親の生き様をあらためて捉えなおし、一人格をもった他者（決して冷然とした呼称としての「他人」ではなく）として出会い直すことは最も難しく、しかし、最も重要なことなのかもしれない。

四人の教師たちは、思春期や青年期の彼らを、まずは「一人前」と捉えている。しかし決して、「もう大人なのだから」ということを理由にして、個々人の諸関係を分断していき、個別化させていくことを指向してはいない。むしろ、社会的に自立していく時期だからこそ、自分を発信しつつ他者とつながりあうことの必要性を絶えず追求しているのである。

第4章

総合学習の理論

論文

1

揺れる教育政策に抗し、本物の総合学習の実践の創造を

◉和歌山大学
船越 勝

1 国際学力調査の読み解き方と「日本型学力」の問題点

二〇〇四年末、二つの学力実態にかかわる国際調査の結果が相次いで発表された。一つは、OECDが行っている国際学習到達度調査（略称PISA調査）であり、いま一つは、国際教育到達度評価学会（略称IEA）の学力調査である。日本はこのいずれの調査結果でも、前回の調査から比較して、大きく順位を下げる結果になったことは周知の通りである。

このような国際学力調査の結果に対するマスコミの報道を見てみると、日本の学力の危機を強く訴える論調がほとんどである。この二つの調査は、元々その目的・性格や参加国も違うものであるにもかかわらず、その点を全く無視して、「日本の子どもの学力は低下した。大変だ」という危機意識を煽る議論が行われ、「学力向上」のキャンペーンに使われているのである。しかし、問題は、学力の危機や「学力向上」と言うときの「学力」とは、一体何であるのかということである。学力には多様な側面があるが、さしあたりここで問題になっているのは、学力の量的な側面、すなわち知識面の低

下を指摘したものである。今回の二つの国際調査は、一般に報道されていることとは別の意味で、日本の子どもの学力をめぐる問題点を明らかにしたと私は考えている。それをここでは、「日本型学力」と呼ぶことにしよう。

日本型学力の特徴は、第一に、「できる」けどなぜできるのかが「わからない」〟ということである。これは、公式などの暗記とそれよる操作能力の形成が中心で、物事の本質的な「理解」がないがしろにされているからである。だから、一度身につけた学力がしばらく経つといとも簡単に剥げ落ちるという「剝落現象」が起こることになる。第二に、今回多少低下したとはいえ、ＩＥＡ調査に見られるように、学力は全般的には高い国際水準を保っているところが多いともいえるが、学力は「高い」にもかかわらず、勉強は「嫌い」だという子どもが多数を占めるということである。これは、学んだことが自らの生活や自分自身とどのような関係があるかが明示的に教えられていないからであり、その結果、子どもたちは学ぶことの「意味」を見出すことができないのである。第三に、学べば学ぶほど、苦労して学力を身につければつけるほど、自分が嫌いになっていくという問題である。つまり、「自己肯定感」の低さである。これは、学力の高い低いが人間としての値打ちを決定するという学歴主義、受験競争至上主義的な学習観から私たちがまだ自由になれていないことの反映であり、意味もわからない学習をひたすら我慢して続けさせられることの結果である。第四に、環境問題を学び、そのことに関わる知識は所有しているのに、環境問題の解決に関わろうとはしないという「学力の社会性」の希薄化も注目されるべきである。つまり、学んだことが実生活や生きることにつながっていく学力になっていないということである。第五に、子どもの学力が個人の考えや思考の中で閉じたものになっていて、異質な他者の思考やコミュニケーションに開かれたものになっていない、つまり、他者や共同に閉ざされた学力ということである。

今回の調査結果は、以上のような日本型学力の問題点が改めて国際的に指摘され、証明されたものであると読み解きたい。

2 文科省による「総合的な学習の時間」見直し宣言の背景

しかし、国際学力調査の結果をどうとらえるかという問題をめぐっては、「日本型学力の批判」と「本物の学びの創造」の方向には進まなかった。中山成彬文部科学大臣は、二〇〇五年一月二〇日、「総合的な学習の時間」を見直し、国語や数学を充実させるという旨の発言をしたと報道されている。こうした中山文科相の発言を受けて、文科省の結城章夫事務次官は同日の定例記者会見で、学習指導要領の見直しにかかわって、総合的な学習を課題の一つとしてあげ、中央教育審議会総会の審議に諮ることにしたと発表する。

このような文科省の「総合的な学習の時間」見直し宣言ともいっていい動きをどのように見ればいいのであろうか。中山文科相の発言は、第一に、国際学力調査の結果にショックを受けての、かなり唐突で性急な反応であることはいうまでもない。しかし、その背景には、国民の学力水準を国の重要な資源と見なし、学力の低下は国際競争に打ち勝つためのマイナス要因であり、「国力」の低下だと考える意識と立場が存在している。第二に、河村前文科相も同様な手法を多用したところからもわかるように、小泉内閣が進める「政治の官僚に対する優位（リーダーシップ）」をかなり意識した行為だということである。しかし同時に、スタイルはそのような形をとっていたとしても、文科相の発言を受けて同日に事務次官が見直し発言をするところから見ると、実は事前に綿密に打ち合わされた「出来試合」であり、政治家のリーダーシップを演出するパフォーマンスだともとれる。

では、このような文科省の「総合的な学習の時間」見直しの動きは、学校現場にとってはどのように映るだろうか。それは、一言で言えば、迷惑な話であろう。一九九八年の学習指導要領の改訂以降、その目玉商品として、各学校で「総合的な学習の時間」のカリキュラムをいわば「つくらされてきた」のである。行政責任ということをどのように考えているのか。朝令暮改というが、本格実施になってまだわずかな期間しか経っていない中でのこのような大きな政策変更と揺れは、当然学校に混乱しかもたらさないだろう。

3　学力低下の原因は、「総合的な学習の時間」にあるのか

では、学力低下の原因は、本当に「総合的な学習の時間」にあるのであろうか。結論を先に述べれば、あるともいえるし、ないともいえる。それは、「総合的な学習の時間」をどのようにとらえるかに関わってくる。もともと「総合的な学習の時間」は、今回の学習指導要領の改訂において、伝達・注入型の授業と学びを越え、学ぶことと生きることを結びつける自由な学びを各学校で創り出すことを志向する時間として教育課程のなかに位置づけられたものである。

ところが、このように本来自由な学びの時間であったはずの「総合的な学習の時間」は、学習指導要領の総則のなかで、国際理解・外国語会話、情報、環境、健康・福祉という四つの課題が例示され、そのモデル・カリキュラムと実践が教育委員会の伝達講習や研究指定校の実践などを通して権力的に押しつけられることとなった。また、市場に出回った多くの本もこうした傾向に追従した。その結果、全国の学校のカリキュラムと実践は、どこを見ても大差ないような「金太郎飴」状態、すなわち、パターン化と形式化が進行することになってしまったのである。このような内容が子どもたちにとって魅力があるはずがなく、当然学習意欲や学力形成にはつながらない。こうした意味での「総合的な学習の時間」は、学力低下の原因になったといえるだろう。しかし、「総合的な学習の時間」が元々問うた自由な学びの創造という課題は、日本型学力の問題点を克服し、日本の学校に本物の学びを創り出す可能性を胚胎していた。私たちは、このことを積極的に受け止め、むしろ逆手にとって、本物の総合学習の実践の創造を追求してきたのである。この意味では、私たちの本物の総合学習は、学力低下の原因になったどころか、学習意欲の喚起と本物の学力の形成に大きく貢献したと確信している。

学力低下を生み出した本当の原因は、教育課程上でわずかな時間を占めるにすぎない「総合的な学習の時間」のあり方だけでなく、むしろ「日本型学力」を生み出すことになっている授業と学びの全体的なあり方に問題があったと見るべきである。つまりそれは、子どもに「学ぶことの意味」を教えず、ただ記憶することだけを求める伝達・注入型の授業と学びであり、実生活とかけ離れた学校知、現実生活のリアリティのない干からびた知識である制度知を権力的に押しつける授業と学びであり、個別化と複線化だけに走り、共同と協同を促さない授業と学びの問題点である。また、こうした授業と学びが、自分に自信のない（自己肯定感の未形成）、従順なパーソナリティを生み出すのである。

こうした日本型学力の問題を見据えるならば、単純な時間増や一面的な学力把握による習熟度別指導で問題が解決しないことは言うまでもない。本物の学びの改革が求められている。

4　本物の総合学習と意味ある学びの世界の創造

私たちは現在、「宇宙船地球号」といわれるように、地球時代を生きており、そのなかで、人権、平和、自然との共生など人類的な課題に直面している。こうした課題は、今を生きる子どもたちにとっても切実な学習課題になっており、本気で学びたいものである。そうした意味で、「総合的な学習の時間」を手がかりとした本物の総合学習の実践は、彼ら／彼女らのそうした学習要求に応えることのできる重要な時間であるとともに、教師にとっては授業と学びの改革へ向けた実践上の「風穴」になっているのである。

では、授業と学び全体をどのように改革していくのか。第一は、学ぶことの意味の回復である。人間は、能動的で目的意識的な存在であり、意味を確証して初めて、本当の意味で学びの主体（主人公）になれるのである。第二は、学びのリアリティの復権である。この場合に、実生活との結合をどのように実現していくかが基本的な課題となるが、具体的には、授業と学びを通して、地域のなかにあるリアルなモノ、コト、人との出会いをどのように創り出すかがポイントになる。第三は、問いを育てるということである。その場合、官制研究などで行われる発問研究に代表される「与えられる問い」から、教師と子どもが対話のなかで「生活現実から紡ぎ出していく問い」へとどう発展させていくかである。第四は、学習の個別化と共同化の結合である。一人ひとりの子どもの興味・関心を共同を介してどう深めるか、また、共同の力に支えられて、自立した学習者をどう育てるかが、平行して追求されなければならない。第五は、傍観者の学びを越え、学びの当事者性を取り戻すとともに、参加・学び・自己実現を目指すことである。

激動の状況であるが、今が正念場である。私たちの追求してきたことに確信を持ち、子どもと共に学びを創る実践を今こそ旺盛に進めていこうではないか。

論文

2 今なぜ、総合的な人間像をめざすのか

◉和光大学　梅原　利夫

1 「人間的な諸能力の全体的発達」という思想と実践

そもそも人間は、人間的な諸能力や諸性格が絡まりあって一個の全体的な姿をなしているのであり、生きているということは、こうした諸機能が総合的に発揮されて現実に生存し活動している過程をさしている。しかし人間の諸機能や諸能力は、いったんは分析されて個別に抽出して検討されることも可能である。したがって、ある目的から「特定の利用価値」に役立つかぎりにおいて、ある能力のみを取り出して、そこだけを評価し過度に開発し、他をないがしろにしようとすれば、総体であるはずの人間はどうしても「いびつ」にならざるを得ない。

動物は高度になるにつれて、ある種の認識を持つようになるが、自己意識（自分の存在を他者と区別して一人称で意識し、自分は何者かと自問する意識）は動物には見られず人間だけが持つ高度な認識である。また人間は、目的意識（「何のためにこれをするのか」と行為の意味を問う）を持ち続ける存在である。

もともと生活教育の実践は、実生活や社会の中で、人間が一個の総体として自己意識と目的意識を持って、生き、育っていく姿をトータルに追い求めてきた。「生活が人間をつくる（陶冶する）」という古くて新しいテーゼは、そのような思想の表現である。

教育の営みが人間の総体の発達をめざすことは、日本の実定法においても定められている。教育基本法第一条の基本精神は、「教育は、人格の完成をめざし……」に集約されている。この部分の英語訳を見ると、次のようになっている（下線は梅原）。

Education shall aim at <u>the full development of personality</u>...

つまり「人格の完成」とは、「人間性の十分なる発達」を意味するのであり、「人間的な諸能力の全体的発達」という思想とよく通じ合う。それは決して一義的な「完成された人格」なるものが始めにあって、その到達点をめざして集約されていくようなものではない。

2　人間が引き裂かれ、排他的競争にまきこまれる

ところが現代の人間社会は、一方で、総合的・相互関係的であるべき人間が引き裂かれ、諸能力が分離・分裂して無理な力が働き、激しい排他的な競争の環境に置かれている。

第一に、世界は激しいグローバル化の中で、軍事および経済の競争と支配におおわれている。第二の局面は、労働現場での多様な雇用形態と所得格差の拡大傾向に見られる。

そして第三に教育の現場にも、もろに現れてきている。学区の自由化による選択制度によって特色

競争が強いられ、学校間格差が顕著になってきている。教師は、人事考課制度による差別的な評価システムによって、給与や地位に格差が設けられ、週ごとの指導案の点検によって指導の自主性が抑圧され、押しつけ研修によって研究の自由が奪われている。最大の犠牲者は子どもである。とりわけ学力テストの乱発は目に余る。多様な諸能力の中で、「テスト測定可能な学力」のみが対象となり、事実上テストの点数が「学力」を表現しているかのような錯覚が引き起こされる。世界をおおう競争の支配は、ランキング上昇をめぐる激しい争いを生み出している。日本社会のあらゆる面で競争がむき出しになってきている。学力競争の現場も例外ではありえない。

しかし、労働現場がそうであるように、教育の現場でも、ただ一方的に押さえ込まれているだけではない。子どもの諸能力の全体的な発達こそ教育固有の価値であると自覚し、学びや生活の場面で子どもとの人間的な交流を取り結ぶ局面において、こうした教育的価値の創造にむけて力を集中している実践も数多く生まれている。ここに注目したい。

3　川合章『民主的人格の形成』に学ぶ

「多数の子どもたちが学校での教育についていけない、低学年のうちから勉強ぎらい、学校ぎらいが生じている、(中略)授業が成り立たないほど子どもたちのアレが目立っている等々、今日の学校教育が危機的状況にあることを示す事実が、(中略)指摘されている。」

この文章を読むと、多くの人々が今日の様子を思い浮かべるだろう。しかしこの問題指摘は、今から三四年も前の状況についてである。川合章が五一歳の時に書いた主著『民主的人格の形成』（青木書店、一九七二年）の、序章冒頭の文章である。この時も「学力問題」が話題となっていた。川合は学力問題から目をそらさずに、しかもそこから教育の根本問題に分析の目を進めていった、と私は評価している。

「それはたんに子どもたちの学力差の増大の問題であるにとどまらず、学力の質の問題でもあると同時に子どもたちの全体的発達、人格に深くくいいる性質の問題であることである。」（六頁、傍線は梅原、以下同）

では川合のいう「民主的人格の形成」とは、どのような作用をさすのであろうか。

「われわれは、学習を含む人間の全生活、全活動、つまり人間が自然、社会ととりくみ、これに変更的に働きかけつつ自らを発達させていく全過程を視野におき、とうぜんそれぞれの活動の独自の性格を十分におさえながら、その全過程を民主的なものにしていくことをめざしているのである。われわれの人格概念は、科学・文化を含む環境と主体との相互作用における、エネルギー、方向性、その過程で主体が獲得するすべての力量を含んでいる。」（序章、一五頁）

川合の主張は、今日においてどのように生かし発展させられるべきであろうか。

第一には、人間性と人格の概念を人間主義・民主主義の価値で把握することが重要である。子どもが生きる社会を、戦争ではなく平和で、排他的競争ではなく協同（共同）の原理で造り続けること、その中で人間の生存と発達を保障するという思想を確立することが求められている。

第二には、教育の中心課題に、学力や人間の諸能力の発達をしっかりと据えていくことである。教育界の一部の論調に、「学力や人間力」など「力」の概念を用いることに忌避ないし抑制の傾向がみられるが、川合の議論はそうではない。もちろん「○○力」の乱用は戒められるべきであるが、人間が生きて活動する姿を、生命力の躍動としてエネルギー（力）概念で表現することは、必要であり適切であると考える。

第三には、活動する子ども自身（学習主体）、およびそれに変革的に働きかける教師自身（実践主体）の両者に、相互に関わり合うことによって育ち合うという「発達の弁証法」の視点を貫いていくことである。

川合の「民主的人格の形成」という教育目標は、教育基本法成立二五周年を意識して提案されたが、今、改めてその発展が求められているように思える。

4　総合的な人間像をめぐる綱引き

ところで人間像を総合的に描いたとしても、それが自動的に子どもの人格を豊かに形成させるものとは限らない。人間像の方向性をめぐって厳しい綱引きが行われているのだ。今その両極面を表現すれば、「二一世紀を切り拓く心豊かでたくましい日本人の育成」（二〇〇三年、中教審・教育基本法改正・答申）か、それとも「平和な世紀をともに創造する人間的でしなやかな地球人の形成」（梅原利夫）か、をめぐる引き合いであると言えよう。

右の中教審の人間像を五つの語句に分解し、両者の違いを抽出すると、それぞれについて争点が次のように描き出せる。

●**二一世紀**……大競争時代　VS　戦争と構造的暴力のない平和な地球時代
●**切り拓く**……激しい競争の中で勝ち抜いていく　VS　共同で創造する
●**心豊か**……「心のノート」の規範意識に沿った　VS　人間的な感性と理性を持った
●**たくましい**……困難に耐えて乗り越える　VS　しなやかな
●**日本人**……閉じた「愛国心」（ナショナリズム）を持つ日本人　VS　開かれた個人・社会人・国民・地球人（インターナショナリズム）

人間像だけではなく、人間力をめぐっても二極の綱引きの状態は見られる。それは、「人間力戦略ビジョン」（文部科学大臣、二〇〇二年八月）や「人間力戦略研究会」（市川伸一座長）の提起『学力から人間力へ』（教育出版、二〇〇三年）の立場と、私が提起した『育てよう人間力』（ふきのとう書房、二〇〇二年）の立場との違いである。この綱引きで、いびつな人間力に引きずられないような協同（共同）の取り組みが、一段と求められている。

5　人格としての総合的な人間像

本論では、教育の現場で課題になっていることとして、学力問題を取り上げた。いま学力論議の発展として人間像に関わる考察をすることは、とりわけ重要である。なぜなら、もともと学力は人間的諸能力の一部分であり、学力の発展方向を見通した時、人間的諸能力の全体的・調和的な発達をめざすことが求められるからである。それは、総合的な人間諸力とでも表現されるものであり、人格の中心核にあたる部分を育てることである。これは、確実に存在する現実態であり、人間が生きていく上で必要不可欠な諸能力が、複合的・総合的に絡まりあった構造態で示される。

人間像をこのように捉えると、それを人格主体の力として定着させ、現実態に有効に働きかけることができるようになるためには、なお積極的な諸能力の開発が求められる。それは、自己を含む現在の生活世界を分析する力、現状を改革するプランとすじみちを立てる力、そしてそれを他者と力を合わせて実行していく力として育てられなければならない。それは人間形成に関わった問題解決行動の力であるとも言える。人間が生涯にわたって発達するということは、自己の絶えざる変化を促していく力に支えられてこそ可能である。このような実態のある人間諸力をどの子どもにも育て、それを自己のコントロールのもとで使いこなしていける主体に育てること、それが今の教育に求められている課題ではないだろうか。

論文

3 子どもの探究活動を支える教師の役割

◉山口大学　外山　英昭

1　一人ひとりの認識する力を育てる

子どもの探究活動を支える教師の役割とはどのようなものであろうか。

この問いの答えは、子どもの知りたいという願いに応える学びの世界を創造することで明らかにされる。そのような学びの世界は、従来の教える側の論理に立った授業展開ではなく、学ぶ側の論理に立った授業展開（学習展開）を構想し、実現する実践によってこそ創造される。本稿では尾鷲小の矢賀実践（第2章―4―3）を参考に検討する。

教師は実践にあたって、題材が内包する教育内容（授業のねらい）を把握する。しかし、そのねらいに到達させるために前もって準備した教材や資料を使い、発問や指示を工夫する教師中心の授業では、子どもたちは自分の生活感性やものの見方を十分に表現することができない。そのような授業では「情報としての知識」は獲得されても、「生きた知識」は獲得されない。したがって、そこで獲得された知識は、現実の生活には活用されることはほとんどない。

私たちは、子どもの主体的な探究活動を支え、一人ひとりの認識する力を育てる学びをつくり出すことで、生活とつながる生きた知識を身につけさせたいと考えている。認識する力を育てる学びとは、一人ひとりが自分の認識を自分でつくり出す学びであり、今ある自分の認識を問い直し、再構築する主体的で探究的な学びである。

2　主体的な探究活動の成立と展開――「驚く」「発見する」「交流する」

では、どうすれば主体的な探究活動は成立し、展開するのであろうか。

ここで述べる「驚く」「発見する」「交流する」は、主体的な探究活動が成立し、展開する過程における子どもの認識活動の特徴を表す言葉である。

「驚く」とは、子どもの言葉だけの知識（表面的理解）が、予想を超える事実と出会い動揺したときに起こる感情である。それは、「何故かな」、「本当はどうなのだろう」、「もっとよく知りたい」という真実を探究しようとする意欲（知的好奇心）を生み出す。この「驚き」を課題探究のエネルギーにすることで、子どもの学ぶ主体性が生まれ、維持される。言葉を変えれば、「驚き」を通して生まれた子どもの知りたいことを学習課題にすることで、主体的な探究活動が始まるのである。そのとき大切なことは、身近で具体的であり、これなら自分たちでも解決できるという見通しが持てる学習課題を設定することである。

森林組合の仕事を調べることになった尾鷲小の矢賀学級の子どもたちは、まず伐採作業の見学に行く。木が次々に倒される様子を見ながら歓声を上げる子どもたち。危険な作業を目の当たりにして、強い印象（「驚く」）を持つと同時に、多くの聞きたいこと（疑問）を持った。「切った木はどこへ行くの？」「一日に何本切るの？」「けがはないのか？」と。

ところで、子どもたちの知りたいことは、今述べた「驚き」だけから生まれるものではない。知る「必要」もまた探究のエネルギーになる。「驚き＝興味・関心」と「必要」の二つが私たちの主な探究のエネルギーとなるものであるが、どちらであれ、大切なことは、子どもたちが知りたいと切実に思う「こと」、「もの」をみつけ、主体的に探究するエネルギーを持って学習が出発することである。

3　教材・資料の選択と知的好奇心

教材研究によって見通した教師の教えたいこと（学習目標）と、学習の展開過程で選んだ子どもの知りたいこと（学習課題）をどうつなげるかは、子どもの学びの主体性を維持・発展させる上でもっとも重要な問題である。それは教材や資料の選択の問題として現れる。

◆教材・資料は子どもと教師が共同して選ぶ

教材や学習課題を教師が与えれば、子どもたちはそれに沿って学びを展開する。しかし、子どもを学習主体にするためには、教材や学習課題は子どもと教師で共同して選んでいくことが大切である。子どもが「驚き」や「必要」を伴って知りたいと思うことを持つことができるようにするには、子どもの生活実態や生活意識などを配慮して身近な教材を選ぶことが求められる。

教師は教材・資料を準備し、いくつかの学習課題（知るべきこと）を提示する。子どもたちはそれに沿って学びながら、別の事実や資料を持ち込み、教師とは違ったいくつかの学習課題（知りたいこと）を提案する。それらの中から子どもが自分の興味・関心に沿って選択するのである。このようにして、子どもの選んだ「知りたいこと」（学習課題）を、子どもが主体的に探究する中で、教師の教えたいこと（学習目標）にたどり着くようサポートしてこそ、子どもは生き生きと学ぶのである。

矢賀さんは、「尾鷲の山について自分なりの課題を持ち、それを追求する活動を通して、地域の良さや、山の仕事の素晴らしさ、仕事に携わる人々の願いを知る」ことを主要な学習目標にした。そして、森林組合の仕事を追っていくことでそれを学んで欲しいと考えた。

そこで、森林組合の仕事を調べるという課題を提案し、伐採作業の見学に行く。そこで、子どもたちは山の仕事の大変さに気づきもっと知りたいと思う。森林組合の人に来てもらい疑問をぶつける。そこから、いくつかの課題を設定する。矢賀さんは、子どもの疑問・課題に沿って、市場や加工場に出かける。そこで新しい事実を発見し、次の課題が生まれる。このようにして、森林組合の仕事を調べる学習は次々と発展していった。そして、山で働く人の前向きなエネルギーを感じるまでになる。

ところで、課題設定に至る際の指導上の問題点として、子どもが「知りたい」と思うことを受け止める教師の側の「教材の本質」理解の能力が問われる。子どもが、新しい事実と遭遇し、疑問を持ったとして、それに対応する学習活動を組織するには、教師自身も子どもとともに学び、「問い」の意味や構造を基本的に把握していなければならない。

多くの子どもは「切った木はどこへいくのか」という疑問を持った。「市場に持っていってせりにかける」と知り、市場に見学に行く。そこで新しい発見も生まれる。「あんな大きい木がたったの一八〇円なんて」、「誰も買ってくれない木もある」など……。

そこには日本の林業が直面する厳しい現実がある。矢賀さんは、そんな中で売れ残った木を無駄なく活用している加工工場に子どもたちを連れていく。厳しい現実の中でも前向きに努力している人々の姿に触れさせることを重視したのである。ここで、売れ残った木の活用に努力する森林組合の取り組みに関心を向けるのか、それとも、「木を切り出しても採算が合わない日本の林業の現実」に関心を向け、その背景に迫るのか、子どもの本当に知りたいこととは何であったのかを子どもとともに確認してみる必要はあった。それによって学習の展開は大きく違うことになる。

◆「選択肢」の中から選び、主体的に学びを展開する

教材の選択や資料の提供とそれらに関わる指示や発問、人との出会いや現地見学の準備など、教師の働きかけがなくては子どもの学習は出発しない。しかし、それらはあくまで子どもの学習を出発させるための「問題提起」であり選択肢の提供であると考えたい。したがって、教師はいくつかの学習の筋道を提示しても、子どもの反応に柔軟に対応すべきである。すでに述べたが、授業のねらいと直結した教材や資料の選択は、教師の思惑が前面に出た発問や指示となり、子どもの主体的な活動を生み出さない。人との出会い、事実との出会いを通して生まれたいくつかの疑問や課題から自分たちが学びたいことを選ぶことができること、聞き取りや見学など出会いと交流を中心とした体験的な学び

を基礎として自分なりの方法で調べることができることが保障されれば、自主的に学ぶだけでなく、責任感を持って調べるようになる。

なお、教師の指示と発問が、教師にも正解がなく、自らも知りたいと思っていることがらであるとき、学習の展開に沿って教師も一緒に学ばざるを得ない。このようなともに学ぶ水平の関係は、教師を、子どもの主体性をより期待し尊重する積極的な子ども観に立たせることになる。

教師と子どもが共同して探究する学びとは、教師の説明が中心の学びの展開ではなく、子どもの疑問と説明が中心の学びの展開といってもよい。子どもの疑問に対しては、その問いを答えるのにふさわしい人（関係者・専門家）が答えることになる。教師は自らが説明できないような疑問を子どもが持つことで、教材研究の課題を知らされ、自分の認識を深める契機を持つことになる。そのことに子どもの成長を感じつつ、子どもが自分なりに調べ、解決するように支え励ますことになる。と同時に、自らも地域に出かけ、地域の人とつながりながら子どもの疑問について調べることになる。

地域の人とつながり、体験的に学ぶ学習は、子どもの学ぶ主体性を育てるだけでない。新しい事実との出会いや謎解きを通して学ぶことの楽しさを実感するとともに、心から納得することで、確かに残る知識が獲得される。さらには、生活とつなげて考えることのできる血の通った知識が獲得される。

◈発見と交流を通して、事実や資料をもとに認識を発展させる

一人ひとりの認識する力を育てるためには、探究活動を通して発見した新しい事実や知見を、自分なりの言葉でまとめクラス全体に発表することが大切である。新たな事実を発見し、自分なりの知見

を持った子どもは、それを友だちに伝えたいものである。また、そのような発表に、子どもたちは活発に反応する。それが賛同・共感であれ、批判・反発であれ、学習課題をともに深めようとする仲間の肯定的なかかわりであり、そのような前向きのコミュニケーションそのものが子どもにとって楽しいものである。

友だちを説得しようと事実や資料をもとに自分の意見をまとめること、相互に批判しあうことで認識は深まり、より確かな理解につながる。このような自由と責任を基調とした表現と交流のなかで、子どもたちは、学びの主体性を発揮する。

論文

4 「ともに生き、いのち輝く教育」への指針と価値

◉日本生活教育連盟研究部長・日本社会事業大学　田村　真広

1 思想、指針、ネットワークとしての生活教育

毎年八月になると、全国各地から人々が集う。一年間の実践を報告し検証しあい、生活教育の指針を確かめあって、また日々の現場に戻っていく。日本生活教育連盟では、「ともに生き、いのち輝く教育」をメインテーマに掲げて夏季全国集会を開催している。

生活教育とは、「生活が教育する」という教育思想、教育思想を具体化する教育実践の指針、個々の教育実践をつなぎ支えるネットワークをさす。生活教育への関心・支持層は、学校教師のみならず、子ども・青年・保護者・住民・福祉関係者へと広がりを見せている。本書に掲載されている総合学習の実践は、このような思想、指針、ネットワークの中から生成されてきた。

▽2 どの子の行動にもストーリーがある——子どもを発達現実態としてみる

過当競争に現代の子どもたちは巻き込まれている。グローバリゼーションの荒波が社会全体を覆い、いわゆる「勝ち組」と「負け組」との格差は入れ替え不可能で埋めがたいものとなりつつある。家庭の居間や学級にまで、勝ちか負けかの価値観が侵入している。

今、一人ひとりの人間のかけがえのなさを実感する場として、あらためて学級の存在意義を見直す時ではなかろうか。木村勝保さんは、時々パニックを起こす敬太の行動にはストーリーがあるのだと、次のように述べている。

「……このあと敬太は鉄ヤスリ棒を投げたのだ。たまたま教師が職員室にものを取りに行っている時に起こった出来事だった。恭平の書いてくれたものを読んでいて、二つのことを見つけた。ひとつは、敬太が言葉のやりとりから、暴力行為に入るひき金になっているのは『お前おかしいやろ』という言葉なのだ。（中略）もうひとつ気付いたことは、敬太と恭平が会話しているじゃないかということ。一年生の一学期、私がおやと思ったことは、敬太は質問に対して、単語で反応はしていたが、語り合うということはなかった。友だちと日常のあれこれについて言葉のやりとりができるということは敬太と、その集団の成長なのだ。」（『輝いて生きよう！　中学生』梧桐書院、五九～六一頁）

鉄ヤスリ棒を投げることは危険な行為ではあるが、そんなトラブルの中にこそ発達現実態としての敬太を見つめている。木村さんは二つのことに気づく。一つは敬太の「人間らしく生きたい」という願いであり、もう一つは敬太が言葉でのコミュニケーションをしているという変化である。ある言葉について過敏に反応するようになっているのは敬太と学級集団にとっての大きな成長であるとさえ述べている。

私たち大人は、「弱さ」や「打たれやすさ」をかいま見せる子どもの生活の中に、彼らの切実な希いや要求をつかみとり、学級の仲間に伝え、その実現を通して子どもとともに成長していくことができるのである。その子のストーリーを読み解き、受け入れることで、共同生活が送れるようになる。子どもを発達現実態として見る子ども観は、本書掲載の総合学習実践に通底している。

3　子どもの「ウリ」を地域の宝に——コーピング・スキルを高めて積極的な生を

老いも病気も障害も、社会参加・活動・受容のありかたによって日常生活の質に大きな違いをもたらす。豊かな依存関係を内包した自立生活の条件を、地域社会に構築することが課題となっている。福祉、保健、医療、環境、地域産業等々、各層において学校や子育てへの関心が高まっている。また、地域では定年を迎えた団塊世代が貢献意欲を持ちながら市民活動に携わっている。各層・世代間の交流を学校改革につなげばよい。潜在化している地域の宝を学校に通わせて、「生活が教育する」学習環境へと発現させればよい。その回路はどうすれば開けるのだろうか。

久野洋子さんが指導員として勤める適応指導教室「つばさ」には、様々な理由から学校には通えない、家庭には居場所がない、社会に受け入れてもらえない子ども・青年が通ってくる。彼らはそれぞれの「ウリ」＝〈一生使える良さ〉を見つけ自信をつけることを目標とし、できないことよりもできることを伸ばし、できないことを別のちからでカバーすることを方針として「つばさ」での生活を続けている。その子が必ずたどりつけるような方針を立て（できる勉強をコツコツやるなど）、自立を遂げさせていくことが久野実践の「ウリ」である。リハビリテーションにおいてはコーピング・スキルを高めると称して、治すことよりも残存能力を訓練することによって動かない部位をカバーし、積極的な生を獲得させる方針をとることがある。「つばさ」の教育方針は、まさにコーピング・スキルを高めて「ウリ」を獲得させる教育版リハビリテーション（全人間的復権）といってもよい。

「つばさ」は安心と学びの空間である。そして、久野実践が紡ぎ出した「子どもの輝き」はまさに地域の宝である。だが、陰日向には加賀サークルの支えがあったことを見逃してはなるまい。地域に様々な家庭があり、「つばさ」があり、学校教育があり、市民活動や地域産業があり、教師を支えるサークルがある。これらがネットワークとなった時こそ、「ウリ」と「地域の宝」は循環し再生産されるのである。

地方分権が加速する中で、住民自治のエネルギーを教育改革に転化する英知が切実に求められている。総合学習実践の展開に当たっては、こうした循環と再生産のサイクルに留意しつつ、新たな実践を切り拓いていきたい。

▽4　学ぶ目的・意欲の創出──教科学習と往還する総合学習

政策転換のきっかけは、ＰＩＳＡ報告で日本のランキングが落ちたことにあった。中山（元）文科相は学力低下傾向に歯止めをかけるために競い合う教育が必要だと発言し、大きな反響を呼んだ。土曜日の授業実施や総合的な学習の時間を「基礎基本」の強化に振り替えることにも言及した。トップ層を引き上げることによって格差を広げる施策や、無味乾燥な習熟活動に取り組ませる処方箋では、かえって事態を深刻化させるだけである。

不安が除去され、ありのままの表現が受容され、自己肯定感が高まることによって、学びの主体が育ってくる。日常生活づくりの中から育つ賢さ、すなわち、失敗に際して既知の事柄を生かすこと、好奇心や憧れを抱く心こそが、子どもたちの学ぶ目的・意欲の創出につながる。

実生活に即して学ぶことで身につく基礎的知識は、専門的知識の下層にではなく隣り合わせにある。石川正則さんは、「文字式とは何か」「因数分解の仕組み」をタイルで可視化して深めていく。関数では、「二酸化炭素が地球を救えなくなる五五〇ＰＰＭになるのは何年後か」「電車の到着予想時刻調べ」「御巣鷹山事故を検証する」「人間は何メートルジャンプできるか」をテーマとして学習を組織した。体感し、考えあい、納得するまでとことんやる学習は、高校生たちが心の底から求めていた学びだった。微積分の学習へも無理なくつないでいく（石川「生徒に死んだ世界を見せて何の意味があるのか」『生活教育』二〇〇四年一〇月号参照）。

教科学習と総合学習とは、目的・効果において相反するものではない。石川実践が示すように、教科学習における総合の視点を発揮することによって、学ぶ目的と意欲は創り出されるのである。

▽5　出会い直し、選び直す――憲法・教育基本法の生命力

世界に数多くある価値の中から、平和主義、主権在民、基本的人権の尊重という価値を、歴史的到達点にある価値として私たちは選び取ってきた。学問の成果により、実際生活に即し、自主的精神を養い、自他の敬愛と協力によって文化の創造と発展に貢献することを教育の方針として掲げてきた。このような価値と方針に対して懐疑的な風潮が高まる現在、あらためて私たちはこれらと意識的に出会い直し、選び直していく必要がある。これらの価値と方針が、私たちにとってかけがえのないものであることを、表現し対話をしながら、採用し直すことが求められているのではないか。

教育基本法第二条は「教育の方針」である。子どもか大人かを問わずに、学校内外を問わずに、学問の自由と教育の自律性が重要であると謳っている。学ぶ主体を尊重し、教える者との対話性を重視する精神は、学習権宣言や子どもの権利条約に引き継がれている。ところが昨今話題になっている教育基本法改正案では、この条文が削除されている。第二条は「教育の目標」に変えられて、「教え込み」と「お上の言いなり」が是認されるような条文になっている。子どもへの教育であるからといって「教え込み」と「言いなり」を正当化はできない。

生活教育の思想と実践は、歴史上の数多の試練の中を生き延びてきた。学問の自由、実生活の直視、

敬愛と協力による文化の創造という「方針」が、教育課程づくりを含めた教育実践を展開する基盤になってきた。また、創造的な実践を通じてこれらの背景となっている価値（平和と民主主義と人権）を具現化するという英知をも含んでいた。

「ともに生きる」とは、自然との共生を含みつつ、日本国憲法前文でいう平和的共存を意味している。「いのち輝く教育」とは、教育基本法前文でいう「個人の尊厳を重んじ、真理と平和を希求する人間の育成」に他ならない。受け継がれた「価値」と「方針」は、会員の実践的力量の発展に支えられて、より日常的で親しみやすい言葉に洗練され、メインテーマ「ともに生き、いのち輝く教育」へと至っている。

本書に掲載された総合学習実践には、こうした「価値」と「方針」が確かに息づいており、あらためて憲法・教育基本法の生命力に確信が持てるようになるだろう。だとすれば、今を生きる実践を地道に発信し続けていくことが、私たちにとっての次なる使命となる。教育という仕事のやりがいは、「ともに生き、いのち輝く教育」を展開する中に見出すことができるだろう。

あとがき

私たちの総合学習の実践を見たり、聞いたりした学生や若い教師は、〝あっ！　こんな教育もあるんだ！〟と、声を発する。大学で若者の指導にあたっている研究者たちの弁である。それまでの学校生活の中で、「本物の総合学習」に触れたことのない若者が多数いるということであろう。同時に、このことばの中には、〝教育ってこんなに柔軟で、創造的なものなんだ〟という驚きと、〝教育の可能性を確信する〟希望がある。私たちは、今こそ、日本の教育に希望を広げる教育実践が求められていることを考えて、本著のタイトルを『あっ！　こんな教育もあるんだ』にした。

「総合学習」実践への〝驚きと希望〟は、学生や若者だけでなく、子育てに関わっている大人たちにも共通している。全国ＰＴＡ連合会の二〇〇五年度調査では、まだまだ「総合的な学習の時間」を知らない人が多いが、総合学習の認知度と好感度は比例しているという結果が出ている。つまり、総合学習を知っている父母ほど総合学習の評価が高いのである。

日本生活教育連盟（以下、日生連）は、日本の民間教育運動の中で総合学習の歴史を担ってきた。二〇〇二年の「新学習指導要領」の完全実施を前に、『ともにつくる総合学習』（新評論、二〇〇一年七月刊）を発行した。当時「総合的な学習の時間」に関わる本が多数発行されている中で、文科省の画一的な実践例示の押しつけに屈することなく、子どもの生活現実から出発して「学校・地域・生活」の変革をめざす教育実践の姿を示した。

二〇〇二年の本格実施開始後も、日生連に集まる教師たちは全国の学校と地域で「子どもとともにつくる本物の総合学習」の実践に取り組んできた。毎月発行している『生活教育』は〝総合学習の提言〟〝実感のある学びをつくる教育〟〝生活教育の実践〟等の欄で、全国の実践を紙面に取り上げて、教師たちを励ましてきた。

文科省による「学力低下キャンペーン」と「総合的な学習の時間」見直し宣言いらい、総合学習の位置づけがトーンダウンし、いっそう形式的でパターン化した教育が日本を覆ってきている。そういう時代だからこそ、私たちは、本物の実践を提示していく必要性を強く感じた。私たちが創造的に切り拓いてきている「総合学習」を、世に問う必要があると考えた。

中身は、すでに、豊かに蓄積されてきていた。二〇〇二年四月号から二〇〇六年二月号までの『生活教育』に掲載された日生連の仲間の実践を元に、削除・加筆・修正を加え、一冊に構成した。本著は、二六本の実践、七本の論文、六本のナビゲーション論文で構成されている。本著は、日生連が切り拓いてきた「総合学習の学び論」といってもいい。

本著の発行が、混迷した日本の教育を変革する取り組みに少しでも役立つことを願っている。

編集委員会一同（行田稔彦・記）

編著者　中野　光（前日生連委員長）
行田稔彦（日生連委員長）
田村真広（日生連研究部長）

編集委員　小川修一（日生連副委員長）
鎌倉　博（日生連事務局長）
加藤聡一（日生連研究部）

鎌倉　博（かまくら・ひろし）1959年生まれ。私立和光小学校校長。日本生活教育連盟事務局長。共著『ともにつくる総合学習』（新評論）『和光小学校の総合学習』（民衆社）『総合学習につながる国語の授業』（一光社）など。

藤原　共子（ふじはら・ともこ）1957年生まれ。山口県岩国市立装港小学校。日本生活教育連盟拡大常任委員。共著『〈教え〉から〈学び〉への授業づくり6　生活科』（大月書店）『教師としていまを生きる』（ぎょうせい）など。

大野　裕一（おおの・ゆういち）1964年生まれ。私立和光鶴川小学校。日本生活教育連盟会員。共著『和光鶴川小学校の計画と実践』（旬報社）など。

加藤　聡一（かとう・そういち）1964年生まれ。名古屋芸術大学大学院人間発達学研究科准教授。日本生活教育連盟研究部員。

春日井　敏之（かすがい・としゆき）1953年生まれ。立命館大学文学部教授（臨床教育学）。日本生活教育連盟拡大常任委員。著書『自分らしく思春期』（かもがわ出版）『希望としての教育』（三学出版）、共著『教育人間学の挑戦』（高菅出版）、編著『不登校支援ネットワーク』（かもがわ出版）など。

大久保　英次（おおくぼ・えいじ）1949年生まれ。大阪府岸和田市立山直中学校。日本生活教育連盟会員。大阪教文センター親と子の教育相談室相談員。

両角　憲二（もろずみ・けんじ）1948年生まれ。北海道焼尻高校・厚岸水産高校を経て和光中学校へ。現在私立和光中学・高等学校校長。日本生活教育連盟会員。『生活教育』編集委員。著書『バラサン岬に吼えろ』（民衆社）。

浦島　清一（うらしま・せいいち）1949年生まれ。立命館大学教職支援センター主任。日本生活教育連盟全国委員。地域と教育の会全国委員、歴史教育者協議会会員。共著『京都案内―歴史をたずねて』『女たちの京都―史跡をたずねて』『京都新発見』（以上かもがわ出版）など。

船越　勝（ふなごし・まさる）1961年生まれ。和歌山大学教育学部教授。日本生活教育連盟会員。共編著『共同でつくる総合学習の理論』（フォーラム・A）『地域を生かせ！総合的学習の展開』（東洋館出版）など。

梅原　利夫（うめはら・としお）1947年生まれ。和光大学教授。日本生活教育連盟会員、教育科学研究会常任委員。著書『育てよう人間力』（ふきのとう書房）、共編著『習熟度別授業で学力は育つか』（明石書店）など。

外山　英昭（とやま・ひであき）1947年生まれ。山口大学教育学部教授（社会科教育学専攻）。日本生活教育連盟拡大常任委員。共著『〈教え〉から〈学び〉への授業づくり4　社会科』（大月書店）『ともにつくる総合学習』（新評論）など。

田村　真広　奥付参照。

村越　含博（むらこし・ふくひろ）1976年生まれ。北海道芦別市立芦別小学校。日本生活教育連盟会員。総合学習と作文教育を実践の中心に据え、人とモノ・コトとのつながりを実感する楽しさをつかませたいと模索中。共著『ちゃんと学ぼう憲法②』（青木書店）。

中妻　雅彦（なかつま・まさひこ）1954年生まれ。愛知教育大学教育実践講座教授。日本生活教育連盟研究部員、歴史教育者協議会会員。著書『スピーチ活動でどの子ものびる』（ふきのとう書房）、共著『小学社会6（上・下）』（教育出版）など。

北川　茂（きたがわ・しげる）1966年生まれ。石川県能美市立辰口中央小学校。日本生活教育連盟会員。いしかわ県民教育文化センター常任理事。

栗原　伸（くりはら・しん）1964年生まれ。私立和光小学校。日本生活教育連盟会員。共著『和光小学校の総合学習』（民衆社）など。

齊藤　博孝（さいとう・ひろたか）1970年生まれ。沖縄県名護市立大宮小学校。日本生活教育連盟会員。共著『和光小学校の総合学習』（民衆社）『ともに生きる総合学習』（フォーラム・A）など。

中山　晴生（なかやま・はれお）1964年生まれ。北海道江差町立南が丘小学校。日本生活教育連盟会員。

小川　修一（おがわ・しゅういち）1946年生まれ。元埼玉県川越市立泉小学校。聖心女子大学他講師。日本生活教育連盟副委員長。著書『いきいき探険学級～「お話聞き隊」が行く』（民衆社）、共著『日本国憲法に出会う授業』（かもがわ出版）『授業改革を目指す学習集団の実践・小学校低学年』（明治図書）など。

田辺　基子（たなべ・もとこ）1971年生まれ。神奈川工科大学准教授。日本生活教育連盟会員、教育科学研究会会員。共著『未来をひらく総合学習―「総合的な学習の時間」へのもう一つのアプローチ』（ふきのとう書房）、共編著『教育課程のルネサンス』（民主教育研究所）。

谷保　裕子（たにほ・ひろこ）1965年生まれ。福井県若狭町立みそみ小学校。日本生活教育連盟会員。

洲山　喜久江（すやま・きくえ）1956年生まれ。山口県光市立島田小学校。日本生活教育連盟会員。共著『〈教え〉から〈学び〉への授業づくり4　社会科』（大月書店）。

矢賀　睦都恵（やが・むつえ）1963年生まれ。三重県尾鷲市立尾鷲小学校。

前田　賢次（まえだ・けんじ）1966年生まれ。北海道教育大学岩見沢校准教授。日本生活教育連盟全国委員。共著『地域をともにつくる子どもたち』（ルック）など。

近藤　秀子（こんどう・ひでこ）1958年生まれ。私立桐朋小学校。日本生活教育連盟会員、フレネ教育研究会会員。共著『ことばを育む教室』（つなん出版）。

執筆者紹介（掲載順）

＊勤務先は一部、執筆時のもの。

中野　光　奥付参照。

金森　俊朗（かなもり・としろう）1946年生まれ。北陸学院大学人間総合学部幼児児童教育学科教授。日本生活教育連盟全国委員・石川サークル副委員長。いしかわ県民教育文化センター所長。著書『いのちの教科書』『希望の教室』（角川書店）など。

富山　泰正（とやま・やすまさ）1949年生まれ。埼玉県秩父市立影森小学校。日本生活教育連盟会員。地域民主教育全国交流研究会全国世話人。

小崎　真紀子（こさき・まきこ）1952年生まれ。愛知県岩倉市立岩倉北小学校。日本生活教育連盟会員。

江口　美和子（えぐち・みわこ）1951年生まれ。埼玉県立盲学校。日本生活教育連盟会員。『生活教育』編集委員。共著『心や体に障害をもつ子の指導』（日本標準）『続・生きること学ぶこと』（創風社）。

久野　洋子（ひさの・ようこ）1961年生まれ。石川県適応指導教室。日本生活教育連盟会員。

行田　稔彦　奥付参照。

加藤　博之（かとう・ひろゆき）1963年生まれ。石川県金沢市立鞍月小学校。日本生活教育連盟会員。

長江　清和（ながえ・きよかず）1963年生まれ。埼玉県八潮市立八幡小学校。日本生活教育連盟会員、日本特殊教育学会会員。共著『新生活指導』（学文社）『ことばを育む教室』（つなん出版）など。

本郷　佳代子（ほんごう・かよこ）1951年生まれ。大阪府吹田市立北山田小学校。日本生活教育連盟会員、大阪児童美術研究会会員。

中河原　良子（なかがわら・りょうこ）1947年生まれ。東京都青梅市立河辺小学校。日本生活教育連盟研究部員。『生活教育』編集委員。東京民研・生活科研究部員。

藤本　和久（ふじもと・かずひさ）1973生まれ。慶應義塾大学教職課程センター准教授。日本生活教育連盟研究部員。共著『よくわかる教育評価』（ミネルヴァ書房）など。

山本　ケイ子（やまもと・けいこ）1943年生まれ。元小学校教員。日本生活教育連盟全国委員。青森県国民教育研究所員。

和田　仁（わだ・ひとし）1969年生まれ。私立和光鶴川小学校。『生活教育』編集委員。共著『総合学習の計画と実践』（旬報社）。

編著者紹介

中野　光（なかの・あきら）

1929年生まれ。前中央大学教授。前日本生活教育連盟委員長。元「日本子どもを守る会」会長。第13回ペスタロッチー教育賞受賞。『中野光教育研究著作選集』全3巻（EXP）『もっと生かそう教育基本法』（つなん出版）ほか著書多数。

行田　稔彦（こうだ・としひこ）

1947年生まれ。私立和光小学校・和光鶴川小学校校長を経て、和光学園理事。日本生活教育連盟委員長。著書『学力を育てる』（旬報社）『なるほど算数』（大月書店）、編著『すてきな今日と出会える学校』（澤田出版）『あしたも学校あるといいな』（大月書店）など多数。

田村　真広（たむら・まさひろ）

1963年生まれ。日本社会事業大学准教授。福祉科教育、社会科教育、教師教育学専攻。日本生活教育連盟研究部長。共著『新時代を拓く社会科の挑戦』（第一学習社）『ともにつくる総合学習』（新評論）など。

あっ！　こんな教育もあるんだ
——学びの道を拓く総合学習　（検印廃止）

2006年7月25日　初版第1刷発行
2013年10月5日　初版第4刷発行

編著者　中野　光
　　　　行田　稔彦
　　　　田村　真広

発行者　武市　一幸

発行所　株式会社　新評論

〒169-0051
東京都新宿区西早稲田3 16-28
http://www.shinhyoron.co.jp

電話　03(3202)7391
FAX　03(3202)5832
振替　00160-1-113487

落丁・乱丁はお取り替えします。
定価はカバーに表示してあります。

装幀　山田英春
印刷　フォレスト
製本　桂川製本

ISBN4-7948-0704-X C0037